周建军 编著

用**数学**的眼光**看世界**
高中数学探究活动与案例

清华大学出版社
北京

内 容 简 介

本书是介绍高中数学探究活动的书籍。本书收集和整理了作者过去十多年指导学生开展数学探究性活动的优秀案例，这些案例涵盖了统计、几何、代数、数论等多个领域，如羽毛球后场击球线路的数学分析、太阳时钟计算时间的方法、利用数学方法对词的平仄音律结构的探究等。通过本书介绍的案例，学生可以从数学的角度重新认识实际生活中的现象或问题，拓展研究思路，获取数据的方法，并给出恰当的研究方法。

本书适合对数学应用感兴趣的学生和教师阅读，也适合作为高中数学教育领域的教材。

版权所有，侵权必究。举报: 010-62782989, beiqinquan@tup.tsinghua.edu.cn。

图书在版编目(CIP)数据

用数学的眼光看世界: 高中数学探究活动与案例/周建军编著. —北京: 清华大学出版社，2023.5

ISBN 978-7-302-63679-3

Ⅰ. ①用… Ⅱ. ①周… Ⅲ. ①中学数学课—高中—教学参考资料 Ⅳ. ①G634.603

中国国家版本馆CIP数据核字(2023)第094016号

责任编辑: 汪　操
封面设计: 常雪影
责任校对: 赵琳爽
责任印制: 沈　露

出版发行: 清华大学出版社
　　　网　　址: http://www.tup.com.cn, http://www.wqbook.com
　　　地　　址: 北京清华大学学研大厦A座　　邮　编: 100084
　　　社 总 机: 010-83470000　　　　　　　邮　购: 010-62786544
　　　投稿与读者服务: 010-62776969, c-service@tup.tsinghua.edu.cn
　　　质量反馈: 010-62772015, zhiliang@tup.tsinghua.edu.cn
印 装 者: 北京同文印刷有限责任公司
经　　销: 全国新华书店
开　　本: 170mm×230mm　　　印　张: 9　　　　字　数: 163千字
版　　次: 2023年6月第1版　　　　　　　　　印　次: 2023年6月第1次印刷
定　　价: 49.00元

产品编号: 101868-01

前言
preface

  高中数学课程标准指出:"数学课程目标是通过高中数学课程的学习,学生能获得进一步学习以及未来发展所必需的数学基础知识、基本技能、基本思想、基本活动经验(简称'四基');提高从数学角度发现和提出问题的能力、分析和解决问题的能力(简称'四能')。"开展数学课题探究活动,是培养学生从数学角度发现和提出问题能力的有效途径,数学探究活动的深入进行,能够调动学生综合运用所学数学和其他学科知识,并积极学习新的数学知识、使用数学工具去分析和解决问题。这样的学习活动能够很好地培养学生数学学科素养和创新能力,为今后继续研究前沿数学问题和其他前沿问题打下良好的基础。

  指导学生开展数学探究性活动一般分四个指导阶段,具体开展过程如下。

  1. 研究活动准备阶段:在这个阶段,通过校本课程时间和课外活动时间,确定选题的来源,介绍如何根据选题查阅相关问题的资料,了解问题的背景和他人所做的工作,如何科学地收集数据,如何利用数据恰当地建立数学模型。下表是学生课程第一次提出的问题。

快餐店建在何处最合适
中西方文化对数学思维的影响
桌子设计中的数学建模分析
公交车车次安排的合理性
如何解决地图变形问题

续表

如何使北京机动车车牌摇号更加公平
探究快餐包装中的节约策略
为何所有急救车辆的车灯中蓝色灯体部分都在右侧
自行车省力问题
……

2. 研究活动的前期探究阶段：介绍数学研究过程各个环节，重点介绍研究过程中遇到的困难和处理的方式方法。这将为学生提供参考，拓展他们的研究思路、获取数据的方法及恰当的研究方法。同时，还需要与学生讨论研究问题的可行性，帮助学生进一步开展研究并调整研究思路。以上表课题"中西方文化对数学思维的影响"为例，这个课题范围太大，文化内涵也比较丰富，难以界定。因此，可以先从文化的一个点出发，开展研究。比如，从中国的数学发展入手，这便于收集数据和查阅资料，也为进一步研究其他文化提供实践基础。可以将课题缩小为研究"宋、明理学中逻辑思想对宋、元、明数学逻辑推理方法的影响"。再进一步把问题缩小，将其调整为分析宋、元前期的中国数学。

3. 学生探究、实践阶段：利用假期和课余初步完成研究课题。查阅课题以往研究成果，在前人的基础上寻求突破。开展实验并收集数据，应用收集的数据和相关数学知识分析问题验证问题的可靠性。例如，"太阳时钟"这个课题就进行了长达一年半的数据收集，以数据为基础，对数学公式进行了多次修正。在进行严谨的数学推理后，得到了公式化和抽象化的课题结论。

4. 研究成果改进和评价阶段：汇总学生的研究成果，并邀请专家指导学生研究情况。例如，在研究关于背包带的最大负重值时，初步的研究结果只得到了一个复杂的三角关系式，无法将研究进行下去。通过专家和老师的指导，学生改进了三角关系式，并利用几何画板探究出最大值。但是，学生发现结果与实际相差很大。于是学生又进一步去查阅了关于负重与疼痛的关系资料，并改进了运算系数。但数据与实际相差还是很大，再次检查研究的实验数据，发现背包的角度是随意假设的。随后，他们通过抽样调查的方式调查了背包的角度，将调查所获得的角度代入计算。最终，获得的数据结构与实际吻合。

本书收集和整理了过去十多年指导学生开展数学探究性活动的优秀案例。这些案例都是学生在老师的指导下，利用 1~2 个学年时间完成的。通过这些案例，可以清晰地看到学生在研究过程中的投入，也可以感受到学生的成长。本书出版的目的是对培养新百年创新型人才起到一定的借鉴作用。

周建军

2023 年 3 月 10 日

目录 contents

第 1 章 统计活动设计及活动分析 ··· 1
    1.1 活动设计目标 ··· 2
    1.2 活动设计方案 ··· 2
    1.3 学生统计活动的实施展示 ··· 3
    1.4 活动分析 ··· 5
    1.5 结语 ··· 5

第 2 章 统计探究活动 1——从午饭里省出时间 ································· 7
    2.1 问题提出 ··· 7
    2.2 现状及分析 ··· 7
    2.3 建立数学模型 ··· 11
    2.4 解决方法 ·· 14
        2.4.1 对于学生 ··· 14
        2.4.2 对于学校 ··· 14

第 3 章 统计探究活动 2——影响上证 50 指数的因素及模型分析 ········· 15
    3.1 问题提出 ·· 15
    3.2 股票价格指数经济学理论模型 ······································· 16
        3.2.1 股票价值 ··· 16
        3.2.2 供需关系 ··· 18

3.3 股票价格指数的影响因素分析 ·· 18
　　　　3.3.1 货币供应量 ·· 18
　　　　3.3.2 国内生产总值 ··· 20
　　　　3.3.3 物价指数 ··· 23
　　　　3.3.4 利率 ··· 25
　　　　3.3.5 汇率 ··· 27
　　　　3.3.6 存款准备金率 ··· 29
　　　　3.3.7 印花税税率 ·· 31
　　　　3.3.8 发行总股数 ·· 33
　　　　3.3.9 债券发行量 ·· 35
　　　　3.3.10 利率参数的修正 ··· 37
　　　　3.3.11 货币供应量 M2/发行总股本 ·· 38
　　3.4 建立股票价格指数的多元计量数学模型 1 ································· 38
　　　　3.4.1 回归系数估计 ··· 39
　　　　3.4.2 拟合优度分析 ··· 40
　　　　3.4.3 回归方程的显著性检验 ··· 40
　　　　3.4.4 回归系数的显著性检验 ··· 40
　　　　3.4.5 模型的进一步优化 ·· 40
　　3.5 建立股票价格指数的多元计量经济学模型 2 ····························· 42
　　3.6 建立股票价格指数的多元计量经济学模型 3 ····························· 45
　　3.7 模型评价及改进思路 ·· 46

第 4 章　统计探究活动 3——太阳黑子活动与地区干旱灾害的相关
　　　　 研究探讨 ·· 48
　　4.1 问题提出 ·· 48
　　4.2 问题数据分析 ·· 48
　　　　4.2.1 太阳黑子与干旱灾害 ·· 48
　　　　4.2.2 太阳黑子和气象干旱的相关性分析 ·· 50
　　4.3 建立数学模型 ·· 51
　　4.4 结论与讨论 ·· 55

第 5 章　太阳时钟——计算时间的方法 ··· 56
　　5.1 问题提出 ·· 56

5.2 问题数据分析和探究 ……………………………………………… 56
5.3 时间计算公式推导和优化 …………………………………………… 58
5.4 总结和相关说明 ……………………………………………………… 64
  5.4.1 误差原因分析 ……………………………………………… 64
  5.4.2 对数据表中理论与实际差值的解释 ……………………… 65
  5.4.3 对错误公式的分析 ………………………………………… 66

第 6 章 地图投影变换在世界地图量算中的应用 …………………… 67

6.1 问题提出 ……………………………………………………………… 67
6.2 投影的数学原理 ……………………………………………………… 67
  6.2.1 高斯-克吕格投影 …………………………………………… 67
  6.2.2 web 墨卡托投影 …………………………………………… 70
6.3 两种变换的过程 ……………………………………………………… 71
  6.3.1 在世界地图中应用投影变换的原因 ……………………… 71
  6.3.2 地图投影变换在世界地图量算中的应用 ………………… 72
6.4 总结 …………………………………………………………………… 84

第 7 章 羽毛球后场击球线路的数学分析 …………………………… 85

7.1 问题提出 ……………………………………………………………… 85
7.2 数学模型分析 ………………………………………………………… 85
  7.2.1 后场高远球击球线路数学分析 …………………………… 85
  7.2.2 后场网前吊球击球线路数学分析 ………………………… 88
  7.2.3 后场扣杀击球线路数学分析 ……………………………… 90
7.3 总结 …………………………………………………………………… 92

第 8 章 双肩书包包带宽度与重量范围的研究 ……………………… 93

8.1 问题提出 ……………………………………………………………… 93
8.2 数学模型分析 ………………………………………………………… 94
  8.2.1 肩膀可提供的支持力与体重的关系 ……………………… 94
  8.2.2 可接受的书包重量与体重的关系 ………………………… 95
  8.2.3 书包最大重量与包带宽度的关系 ………………………… 99
8.3 结论及反思 …………………………………………………………… 100

第 9 章　一种运算优化方法——补数次幂叠加法 　103

9.1　问题提出　103
9.2　数学运算探究　103
9.2.1　定义补数　103
9.2.2　建立运算模型　103
9.2.3　计算验证　104
9.2.4　"补数次幂叠加法"的理论证明　105
9.2.5　方法的推广　105
9.2.6　四则运算定义　106
9.3　结论与应用　107

第 10 章　利用数学方法对词的平仄音律结构的探究　109

10.1　问题提出　109
10.2　词的平仄音律结构的数学表示　109
10.2.1　表示方法　109
10.2.2　表示结果　110
10.2.3　对表示结果的初步处理　110
10.3　针对音节段的数据统计分析　111
10.3.1　术语　111
10.3.2　针对基本音节段的数据统计分析　111
10.3.3　针对六音节句、七音节句的数据统计分析　115
10.4　对每一词谱的逐一分析　116
10.4.1　分析　117
10.4.2　结论　118
10.5　总结　118

第 11 章　宋、明、清数学命题论证思想分析　120

11.1　问题提出　120
11.2　宋、元、明、清时期数学发展历程概述　120
11.3　中国数学自身特点的分析　121
11.3.1　割圆连比例方法　121
11.3.2　中国清代级数论同欧洲数学分析的比较　122

11.3.3　从中国清代级数论归纳中国数学的一般特点 ………… 125
11.4　思想领域和经济政治领域对宋、元、明、清时期数学命题论证思想
　　　形成的影响 ………………………………………………………… 125
　　　11.4.1　宋、明理学 …………………………………………… 125
　　　11.4.2　理学官化时期：陆王心学 ………………………… 128
　　　11.4.3　经济与政治影响科学 ……………………………… 130
　　　11.4.4　政治反作用于思想领域 …………………………… 131
11.5　总结 …………………………………………………………… 131

第1章

统计活动设计及活动分析

　　统计是一门特色鲜明的学科，是数学的一个分支。从日常生活到高新科技领域，都与统计有着密切的联系。

　　新课程标准提出了高中数学要重点培养学生的六大核心素养，其中之一就是数据分析素养。数据分析是指针对研究对象获取数据，运用数学方法对数据进行整理、分析和推断，形成关于研究对象的知识的素养。数据分析是研究随机现象的重要数学技术，是大数据时代数学应用的主要方法，也是"互联网＋"相关领域的主要数学方法。数据分析已经深入科学、技术、工程和现代社会生活的各个方面[1]。

　　系统、深度的统计学习活动是培养学生数据分析素养的重要途径。令人遗憾的是，统计学科的深度学习没有有效地开展起来。因为教材中的涉及统计内容的例题、习题和高考中的相应考题比较简单，所以统计教学活动基本停留在概念学习和基本统计量运算的浅层学习上。诚如张留芳和张玉环在高中概率与统计教学现状的调查研究中发现：有45.3％的教师认为统计教学内容安排"受高考的压力，只能考什么就教什么，怎么考就怎么教"，实际授课时数低于课标的要求[2]。而大多数其他章节教学实际课时是超出课标建议授课课时的。这样的教学方式不仅造成了学生统计知识的匮乏和理解片面，还严重偏离了课标要求："统计学的教学活动应通过典型案例进行。教学中应通过对一些典型案例的处理，使学生经历较为系统的数据处理全过程，在此过程中学习数据分析的方法，理解数据分析的思路，运用所学知识和方法解决实际问题。"针对上述情况，我们设计了人教B版必修（第二册）第五章第一节统计的教学活动，让学生在典型案例的处理中学习知识，体验统计的基本方法和思想，培养学生数学学科的核心素养。

1.1　活动设计目标

对于人教 B 版必修（第二册）第五章第一节统计，课标要求有四点：获取数据的基本途径及相关概念、抽样、统计图表、用样本估计总体。在传统的统计教学中，教学重点主要集中在从形式上介绍简单随机抽样、分层抽样和利用信息技术进行抽样这三种不同的抽样方法，以及这三种方法在形式上的不同点，通过具体数学问题认知统计图表和掌握统计量的运算。传统的统计教学缺少了学生的实际运用和体验，忽视了引导学生对随机性的理解，只是使学生停留在对一些简单概念的理解和记忆层面上，无法深度学习统计思想的具体应用和实践价值。因此，这次统计活动设计的目标，是把教学重点集中在学生对统计方法中的随机思想的体验和理解上，让学生通过统计实践提高其对统计思想的掌握和运用。

1.2　活动设计方案

活动设计分三个步骤：第一个步骤是教师带领学生利用 Excel 进行抽样的模拟实验；第二个步骤是学生分小组进行数据收集、整理和分析工作；第三个步骤是各小组的汇报分享及交流反思，在这一过程中使学生能够达到对统计思想的正确理解。

首先利用 Excel 的随机功能让学生对随机抽样有一个清晰的认识。为此，我们把某一次大型考试的 9000 多名考生成绩利用 Excel 的随机功能做抽样分析，通过数据演示让学生对抽样中的样本容量与抽样结果的准确性有一个比较理性的认识。

在实验开始前，先让学生根据其已有的知识和对抽样方法的理解，讨论样本容量分别为 50，100，200，800 时，所获取的抽样数据与数据真值的关系。经过比较和分析之后，学生们一致认为，样本容量越大，样本数据越接近真值。随后，利用 Excel 的随机功能，分别对样本容量为 50，100，200，800 的样本进行抽样统计，通过数十次的实验，发现这四种样本的数据值并没有显著差异。这样一来，学生就会直观并真切地感受到：只要样本容量达到一定数量，并且统计方法正确，统计数据与真值差异就很小。

这一过程不仅让学生真正感受到了统计中随机思想的强大，也为学生调研自己感兴趣的社会现象提供了科学可行、恰当有效的统计方法。

在此步骤之后,让学生分组进行统计活动,从设计数据收集方案开始,再进行数据整理和计算,进而分析数据,到最后得出结论,都由小组同学合作完成。

1.3　学生统计活动的实施展示

学生们自由组合了 8 个小组,每个小组有 5 名左右的成员。下面是各小组的数据收集方法。

A 组身高统计的方法是在上课间操时,从每个班级第一个人开始,5 人为一个单位,取每个单位中间的人记录身高,即记录第 3,8,13,⋯名同学的身高(系统抽样),并将男女生分开(分层抽样)。本组的出发点是为了确保调查的同学有各个身高段的人,从而进一步确保最后所得平均身高的数据与真实数据更加接近。为了保持数据的真实性,他们选择去掉一个班(体育特长班,半数是篮球运动员)同学的数据,因为他们的平均身高远远高于其他班级的同学。

B 组以每班人数的个位数字作为所抽学号的个位数字,每班抽取 6 人,调查他们的身高和他们父母的身高,数据精确到厘米。然后分开统计男女生的数据,使用 Excel 中的数据处理和制作统计图的功能,求出所需数据。

C 组在每个班获取样本时是按照人数比例和男女生比例抽查,为了减小误差,根据目测选择有代表性的同学,而不是都选高的或都选矮的。他们认为这样做可能会更具有代表性。

D 组抽样方法:全年级人数大约有 500 人,12 个班,抽取其中约 20% 的数据,每个班大约抽取 $500×20\%÷12≈8$(人),运用随机数表法采取简单随机抽样。

E 组按照学号来随机抽取,抽取每班学号为 7,10,12,18,21 和 22 的同学。样本为所抽取的 72 名同学的身高,共调查男生 36 人,女生 36 人。

F 组以班为单位,1~8,11~12 班人数差不多,9,10 班人数明显和其他班不一样,所以进行分层抽样,每层的概率是 1/8。1~8,11~12 班为一层,每班按 40 人算,随机剔除多余的人。在这一层中,以班为单位,再分成 10 个组,进行抽样。获取数据后,小组考虑到各班实际人数不同,又对各班的数据按各班实际人数进行加权处理,得到年级的平均身高为 171.1cm。

G 组第一步通过数字校园得到各班人数;第二步将所有的人编号;第三步将所有编号输入 Excel,并用 Excel 的统计功能随机抽出 72 个编号;第四步将编号对应到具体的同学,然后进到各班记录编号对应的同学的身高。

H 组采取每个小组成员负责两个班,各自对所负责的班级数据抽样调查,然后汇总各个成员的数据。在汇总中他们发现每位组员所选的样本数量都不相同,甚至有人直接调查了所负责两个班的全体同学,考虑到样本数量不同,他们只是各自分析了所负责班级的身高情况。

最终,各小组的统计结果如下表所示。

小 组	A组	B组	C组	D组	E组	F组	G组	H组
男生平均身高统计/cm	178.3	174.6	177.7	176.3	177.4		177.7	
女生平均身高统计/cm	163.6	166.9	168.8	165.5	165.5		166.1	
年级平均身高统计/cm	171.5	171.1	172.8	171.1	171.5	171.1	172.1	

在学生完成了初步的设计,得出本小组的结论之后,进行活动的第三步,即在课堂上,各个小组通过统计图表展示各组调查结果,并对本组的活动进行评价。各组都认真分析了统计活动误差产生的原因,如 A 组分析数据可能产生误差的原因:首先是因为没有加入 8,9 班同学身高而出现误差(8 班是学生自己所在的班级);其次是因为他们是在按身高排序的队伍中进行的分层抽样,所以取得数据的随机性较差。D 组认为本次抽样统计存在一定误差的原因:首先是由于人不全等原因,无法完全使用简单随机抽样;其次是体育特长班(篮球运动员多,身高要明显高于其他班级)的数据不全,导致平均身高偏低;最后是感觉应该按班级人数及男女比例分层算加权平均数。

接着各组同学和老师一起对抽样方法和结果进行了充分交流和讨论,很快就形成了以下三点共识。

(1) 获取数据要尽可能满足随机性,如对于 C 组的方案,很多学生提出,他们通过观察选择中等身材的学生进行调查,主观性太强,而且在面对同学的时候经常会有倾向性,如选择自己认识的同学做调查。A 组也承认,在排好高矮顺序之后再选择样本,随机性也会很差。

(2) 三种随机抽样并不是完全独立的,在本次活动中可以同时使用,也可以独立使用。

(3) 调查对象有明显差异时要进行分层抽样,很多组在活动中采用的是随机抽样,并没有区分男女生进行分层抽样,G 组在数据分析时发现他们抽出样本的男女比例有一定的差异,而年级男女生比例非常相近,但是男女生的身高是有着显著差异的,这造成了他们的年级平均身高偏大(样本数据中男生较多)。事实上,男生和女生身高的统计值的确是 G 组最接近年级男生和女生的身高实际值,全年级的平均身高统计值也确实与实际值有着非常明显的差异。

1.4 活动分析

　　显而易见,上面的教学活动,充分调动了学生学习统计的积极性。不仅完成了课标对统计教学的要求,还让学生充分明白了统计方法和思想在数学及实际应用中的重要价值。学生通过活动真切地感受到了抽样方法对数据的影响,为将来统计学习和应用打好基础。学生们在活动中充分利用了"统计图表",真切体会到直方图、折线图和茎叶图等图表的作用。学生的活动也为后续统计的学习打下了良好基础。有了调查数据,学生非常关心孩子的身高与父母身高是否有相关性,几乎所有小组都自学了相关内容,主动分析调查数据的相关性,对数据相关性有了深切感受和更加直观的认识。其中一个小组结合相关性和自己调查的数据,利用 Excel 的统计功能,创造性地提出子女身高计算公式 $z=ax+(1-a)y$,其中 z 为子女身高,x 为父亲身高,y 为母亲身高。通过他们的调查数据算出公式中男生对应的 $a=1.50$,女生 $a=0.2$,他们对这个发现非常兴奋。在本节学完后,还有一些同学利用相关性分析,对校园生活中遇到的问题进行了进一步探究,并取得了很好的成果。

　　总而言之,传统的统计教学重点是计算数据的特征值(也就是计算平均数、中位数和方差等),用样本的数字特征来估计总体特征。学习列频率分布表、画频率分布直方图和频率折线图等方法也只是从中获取计算的数据,并没有真正应用这些图表的直观性分析数据特征。实际研究过程恰好与之相反,通过实验、查阅资料和设计调查问卷等方法收集数据,然后将数据分类整理,并根据研究问题的需要绘制图表。如果学生通过独立思考,积极灵活地运用所学的随机抽样方法进行调查,自主学习统计软件去做统计分析,那么他们所学到的知识就已经不仅仅是简单的数学上的逻辑推理和计算了。这也让我们真切地感受到,数学老师教给学生的不应该仅仅是数学概念、逻辑思维和解题方法,更应该注重学生数学思想的构建,特别是数学思想在生活中的具体应用,这样可以使学生在数学学习中融入自己的思想,灵活运用数学知识、数学思维解决各种问题,提高学生的综合素质。

1.5 结语

　　由此可见,想引导学生进行深度学习,要重点关注以下几个方面。
　　(1)学生的学习要以教材为基准。教材是学生在学习过程中接受知识的源泉。对于数学知识的深度学习,学生要从课本出发,通过生动的情境和活动进行拓展,了解本章将要学习的内容,做到心里有数。

(2)通过对概念、定理等知识的理解,学习必要的数学知识,挖掘其中所包含的数学思想。从课本给出的例子中体会所学知识的运用,做到学以致用。通过课后解题检验学生对基本知识、基本技能和基本思想的掌握情况,能够进行自我检测。

(3)力求使学生体验数学在解决实际问题中的作用、数学与日常生活及其他学科的联系,促进学生逐步形成和发展数学应用意识,提高学生数学学科素养。如果深度学习能够进入我们常态化的数学教学中,相信学生的学习能力和创造力一定能够被激发出来,我们培养的拔尖创新人才也一定能够达到更高的水平并具有更强的能力。

参考文献

[1] 中华人民共和国教育部.普通高中数学课程标准[M].北京:人民教育出版社,2020.
[2] 张留芳,张玉环.高中概率与统计教学现状的调查研究[J].中国数学教育,高中版,2018(10):6.

第2章

统计探究活动1——从午饭里省出时间

2.1 问题提出

中午总是需要花很长的时间打午饭，打完饭后又需要在大厅里找位置吃饭，排队占据了中午大量时间，有什么方法可以提高效率，从午饭里省出时间？

2.2 现状及分析

造成学校食堂排长龙的因素很多，有食堂窗口数与师生数之比、食堂师傅打饭的速度、特殊活动和特殊天气等影响因素。其中影响最大的因素还是人太多，师生都集中在上午下课后的某一段时间内进入食堂。因此想解决这个问题要聚焦到人的集中程度，用食堂中所含的学生数代表拥挤程度，然后这个问题就变成了关于食堂中人数与时间关系的讨论。首先对进入食堂的人数进行统计，下面是分时段、分年级出入食堂人数的统计结果。

时间	进入食堂的人数							离开食堂的人数
	初一	初二	初三	高一	高二	高三	总计	
12:03	8	7	8	2	25	1	51	0
12:04	22	8	5	4	16	0	55	0
12:05	23	15	10	6	4	5	63	0
12:06	30	12	9	6	8	2	67	0
12:07	16	9	12	14	18	10	79	−1
12:08	13	11	12	2	21	4	63	0

续表

时间	进入食堂的人数							离开食堂的人数
	初一	初二	初三	高一	高二	高三	总计	
12:09	1	13	9	8	12	11	54	0
12:10	5	12	7	9	0	8	41	0
12:11	10	6	12	12	2	2	44	0
12:12	2	9	8	13	6	5	43	0
12:13	4	5	9	0	4	1	23	−7
12:14	0	4	4	4	0	0	12	−9
12:15	2	3	0	3	4	2	14	−18
12:16	2	3	3	1	0	5	14	−22
12:17	1	2	3	3	2	7	18	−27
12:18	0	0	0	0	2	0	2	−18
12:19	0	0	2	0	0	2	4	−24
12:20	5	0	1	4	2	14	26	−12
12:21	0	6	2	0	0	7	15	−28
12:22	1	2	3	2	1	6	15	−39
12:23	0	8	2	0	2	3	15	−12
12:24	4	1	0	3	0	12	20	−20
12:25	2	2	11	0	3	0	18	−22
12:26	0	0	5	2	3	5	15	−24
12:27	1	4	0	2	0	4	11	−40
12:28	1	2	0	0	2	6	11	−21
12:29	0	4	2	5	2	8	21	−20

运用 Excel 对上述数据进行处理,可得到图 1。

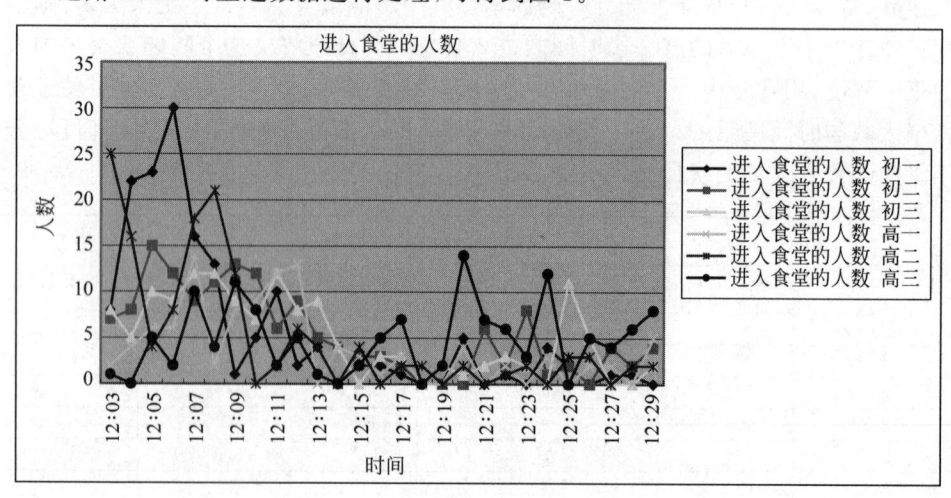

图 1

把学生总数合在一起得到图 2。

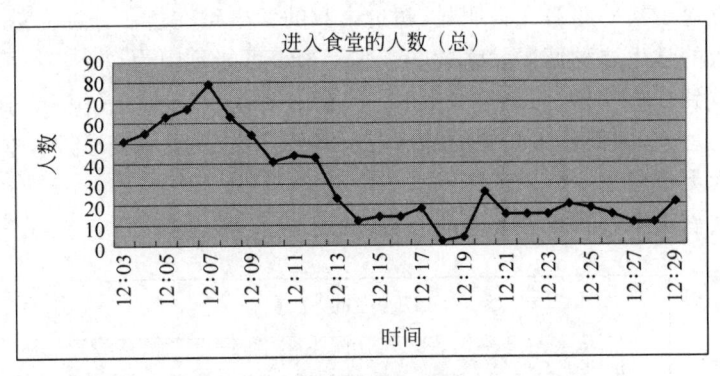

图 2

对上面两张图表进行分析,可以明显地看出,进入食堂的人数高峰时期为 12:05—12:08。在这 4 分钟内进入食堂共 272 人,占 12:29(含)之前进入食堂的总人数的 $272 \div 814 \times 100\% \approx 33.415\%$,而这 4 分钟仅为全部统计时间的 14.8%。再进一步分析,得到这段高峰期进入的学生数比例:

初一年级 $82 \div 153 \times 100\% \approx 53.595\%$;

初二年级 $47 \div 148 \times 100\% \approx 31.757\%$;

初三年级 $43 \div 139 \times 100\% \approx 30.935\%$;

高一年级 $28 \div 105 \times 100\% \approx 26.667\%$;

高二年级 $51 \div 139 \times 100\% \approx 36.691\%$;

高三年级 $21 \div 130 \times 100\% \approx 16.154\%$。

即图 3。

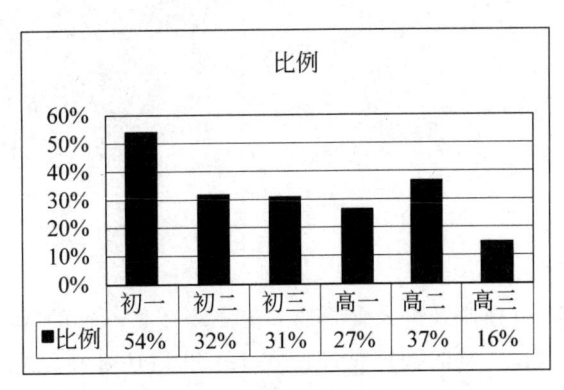

	初一	初二	初三	高一	高二	高三
比例	54%	32%	31%	27%	37%	16%

图 3

可以看出，进入食堂的学生数具有明显峰值特点，即短时间内有大量学生同时进入。这点对于初一年级尤为明显，超过半数的学生是在这 4 分钟内进入食堂的。而较高年级的学生这种情况就略微好一些。这很可能是因为初一年级的学生习惯于一下课就到食堂就餐，而高年级中的一小部分学生由于有了前几年的经验，具备避开高峰的意识，因而使本年级的峰值有所降低。但是，这对于食堂整体的拥挤情况并没有太大作用。

现在我们再来看看离开食堂的人数，见图 4。

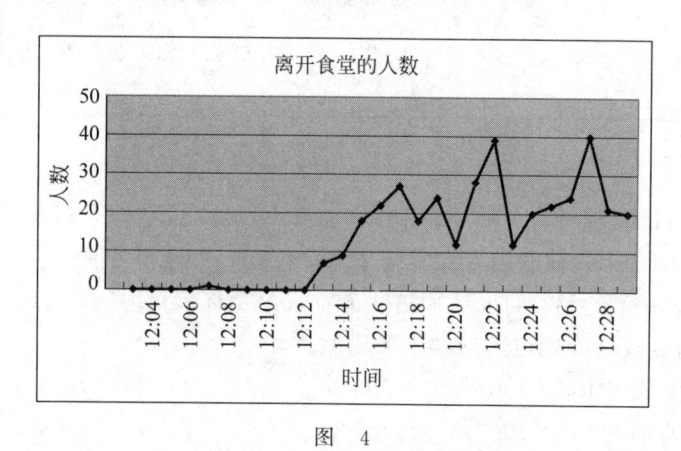

图 4

然后把进入食堂的人数合在一起，就得到了食堂内的学生人数，如图 5 所示。

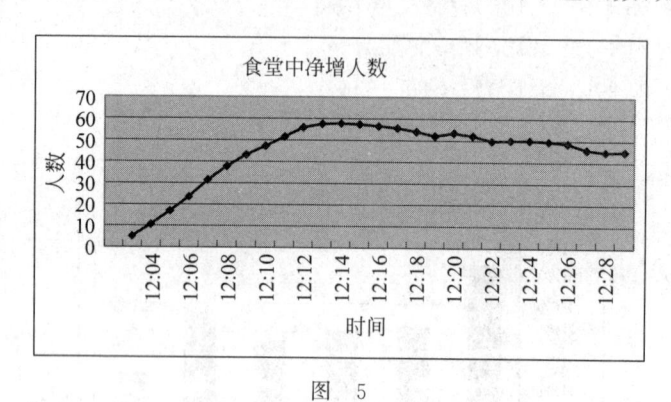

图 5

由此可以看出，单独避开进入食堂的人流高峰还是不够的，由于打饭速度和吃饭速度等因素的影响，食堂的拥挤度即使在 12:09 后还会持续相当一段时间。那么究竟什么时候食堂拥挤度会显著降低？

2.3 建立数学模型

用 Excel 为"食堂内学生数"的表格添加趋势线,得到(其中光滑曲线是趋势线):

2 次函数趋势线(见图 6)。

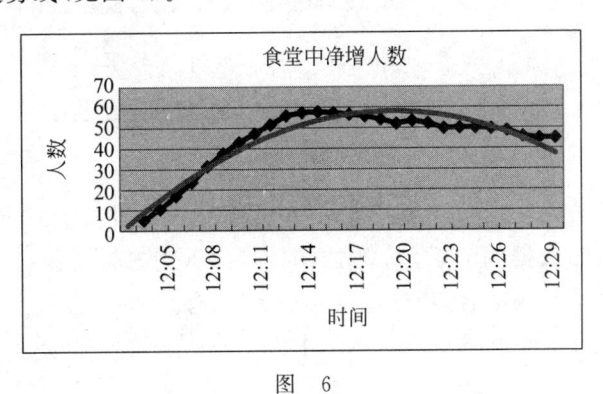

图　6

4 次函数趋势线(见图 7)。

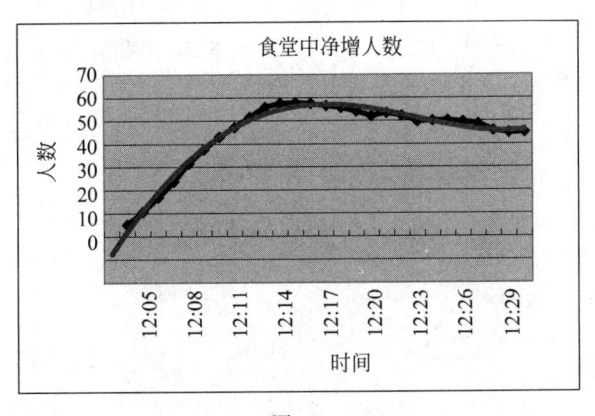

图　7

6 次函数趋势线(见图 8)。

从图中可以看出,当趋势线为 6 次函数时最精确,但在实际使用中显然 4 次函数和 2 次函数会更方便一些,所以把三个都计算出来,并与实际进行比较。若三者相差不多,则选择 2 次函数作为最后使用的模型。

当趋势线为 4 次函数时,不妨设 $f(x)=ax^4+bx^3+cx^2+dx+e$,其中 $f(x)$

食堂中净增人数

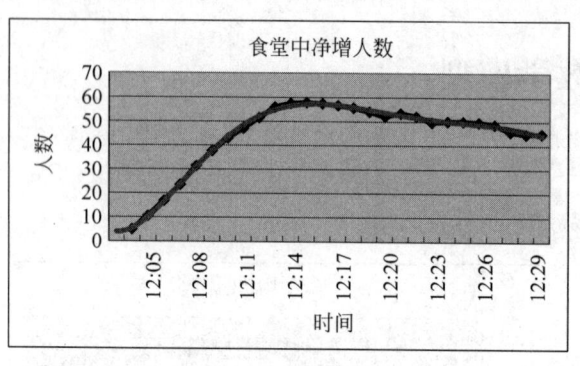

图 8

为食堂内学生数量,自变量 x 为时间,并规定 12:03 为 1,12:04 为 2,以此类推。仔细观察趋势线与数据的关系,发现 12:04,12:09,12:15,12:23,12:27 这 5 个时刻趋势线与数据线最为吻合,把这 5 点数据代入,有

$$106 = 16a + 8b + 4c + 2d + e$$
$$431 = 2401a + 343b + 49c + 7d + e$$
$$574 = 28\,561a + 2197b + 169c + 13d + e$$
$$501 = 194\,481a + 9261b + 441c + 21d + e$$
$$459 = 390\,625a + 15\,625b + 625c + 25d + e$$

解得

$$f(x) = 0.001\,888\,27x^4 + 0.002\,394\,052x^3 - 4.556\,314\,445x^2 + 103.466\,526\,66x - 83.518\,855\,39$$

把这个函数绘制出来,并与实际值进行比较,便得到图 9。

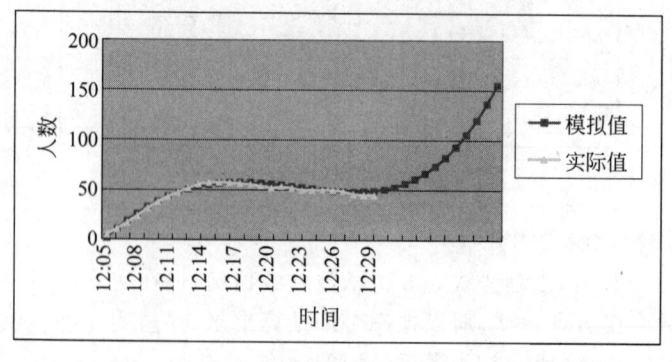

图 9

第2章　统计探究活动1——从午饭里省出时间

当趋势线为 2 次函数时,得到:$f(x) = -\dfrac{107}{54}x^2 - \dfrac{3545}{54}x + \dfrac{953}{27}$,见图 10。

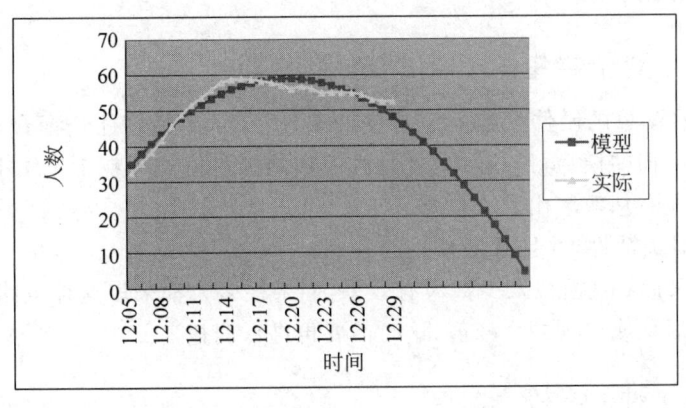

图　10

当趋势线为 6 次函数时,得到(见图 11):
$f(x) = 0.000\,034\,28x^6 - 0.003\,791\,8x^5 + 0.158\,486\,5x^4 - 3.032\,14x^3$
$\quad\quad + 23.499\,699x^2 - 4.368\,458\,9x + 34.748\,88$

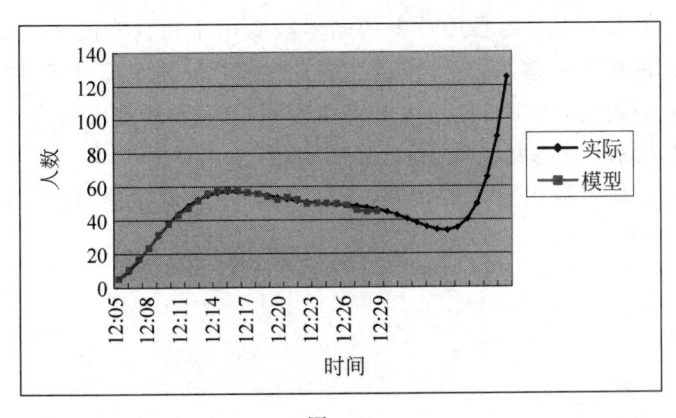

图　11

这三种模型都有各自的优劣,其中最大的不足就是在 12:35 以后都与实际有了不容忽视的差异。然而,考虑到一般学生去食堂会在这个时间以前去,因此在 12:35 以前适用就具有实际价值。显然,当趋势线为 6 次函数时,与实际吻合得最好,因此采用它作为应用模型。

2.4 解决方法

2.4.1 对于学生

方案：在学校的硬件设施固定不变的条件下，学生最好能选择合适的时间去食堂。根据上面的模型可以看出，食堂内人数的极小值出现在 12:34，因此学生最好于 12:30 左右从教室出发去食堂。

优点：具灵活性，并且行之有效。

局限：只针对现阶段及少数人有效果，如果很多人都采取这种策略，那么人数的高峰期将后移或出现两个峰值，这时需要再进行调整。

2.4.2 对于学校

方案：

(1) 由于场地的限制，窗口数量不易改变，可以在 12:10—12:25 时间段内增加打饭员工数量并进行业务培训，缩短人均排队时间；

(2) 在政策上进行改良，规定各个年级就餐时间要错开；

(3) 可以考虑运用一些心理学上的暗示减少学生在食堂的平均逗留时间，譬如使食堂的色调成红色系，靠背椅子都换成没有靠背的硬座椅等，这些手段都可以使学生加快吃饭速度，从而使食堂人员流动速率加快，不致造成拥挤。

优点：能从根本上缓解问题，行之有效。

局限：学校需要拨出更多的经费，工程较大，不是最简单的方法，并且会对学生的利益造成一定影响。

第3章

统计探究活动2
——影响上证50指数的因素及模型分析

3.1 问题提出

政治课上,老师说商品价格由商品的价值决定,同时又受到供求关系的影响。随着越来越多的企业和个体参与到股票市场中,股市日益成为社会关注的焦点,股票的价格每天都在变化,那么股票合理价格是多少,受到哪些因素影响?如果有一种比较简单判断股票合理价格的方法,就可以指导人们进行合理投资,理性参与股票交易活动。因为具体股票价值和影响因素比较难收集,这里以上证50指数作为研究对象来分析影响股票价格变化的因素。

上证50指数由上海证券交易所编制,挑选上海证券市场规模大、流动性好的最具代表性的50只股票组成样本股,以综合反映上海证券市场最具市场影响力的一批优质大盘企业的整体状况,于2004年1月2日正式发布,基日为2003年12月31日,上证50指数图见图1。

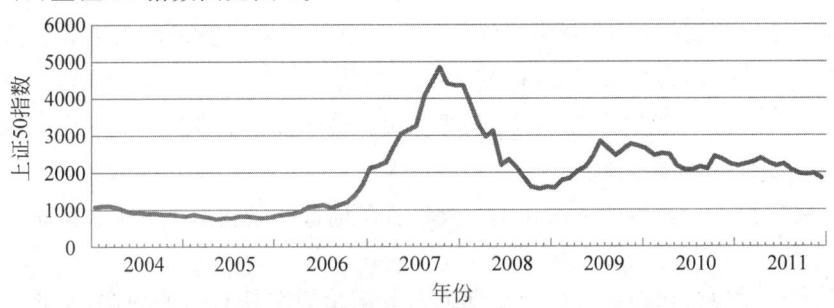

图1 2004年1月至2011年12月月均上证50指数图

3.2 股票价格指数经济学理论模型

股票价格指数反映整个股票市场上各种股票市场价格的总体水平,是国民经济各行业总体形势的反映,因此主要应关注相关宏观经济指标对股票价格指数的影响,通过因果分析图来表述股票价格指数的经济学分析(见图2)。

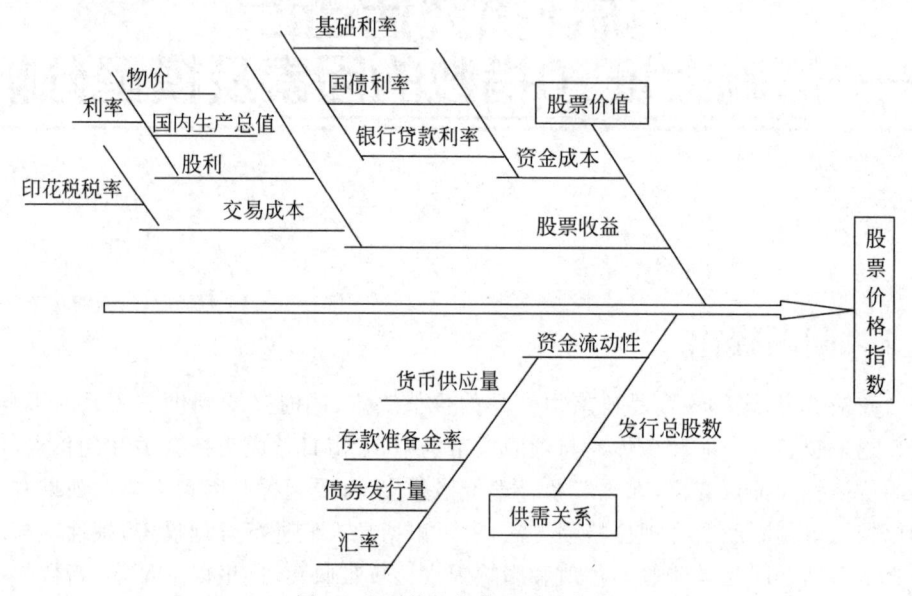

图 2 股票价格指数因果分析图

根据经济学中的价格理论,价格围绕价值波动,波动受供需关系影响。供应提高将使价格下降,而需求增加将使价格提高。

3.2.1 股票价值

根据金融投资学理论,股票的价值等于持有股票可以获得的未来收益按股票投资的资金成本进行折现的现值,可以用公式表示:

$$股票价值 = \sum 股票收益_t / (1 + 资金成本)^t$$

其中,t 为第 1 年到第 n 年。

持有股票可以获得的未来收益为股份公司创造的股利扣减股票交易成本。

(1) 股利

股利是股份公司通过生产经营创造的分配给股票持有人的利润,受收入和成

第3章　统计探究活动2——影响上证50指数的因素及模型分析

本的影响。收入由销售量和销售价格决定,而成本包括生产成本和财务费用。销售量取决于需求,需求取决于宏观经济增长态势,生产成本取决于生产效率和消耗价格,财务费用取决于借款利率,而销售价格和消耗价格受物价变化的影响。

因此股利的主要影响因素是国内生产总值、物价和利率。

(2) 股票交易成本

股票交易费是指在进行股票投资中,股票投资者委托证券交易所、证券公司等机构进行股票交易时,应支付的必要的合理费用和税费,包括印花税、佣金和过户费等,其中主要是印花税。

印花税增加了投资者的成本,这使它自然而然地成为政府调控市场的工具。深圳市政府在开征股票交易印花税后不到半年的时间,由单向征收改为买卖双向征收税率为6‰的交易印花税,以平抑暴涨的股价。1991年10月,鉴于股市持续低迷,深圳市又将印花税税率下调为3‰。在随后几年的股市中,股票交易印花税税率成为最重要的市场调控工具。1997年5月9日,为平抑过热的股市,股票交易印花税税率由3‰上调至5‰;1998年6月12日,为活跃市场交易,又将印花税税率由5‰下调为4‰;1999年6月1日,为拯救低迷的B股市场,国家又将B股印花税税率由4‰下降为3‰;2001年11月16日,财政部调整证券(股票)交易印花税税率。对买卖、继承、赠予所书立的A股、B股股权转让书据,由立据双方当事人分别按2‰的税率缴纳证券(股票)交易印花税。2007年5月30日,财政部突然宣布将两市证券交易印花税税率由1‰上调至3‰,引发市场著名的530大跌,不到10个交易日沪指由29日收盘的4334点跌至3404点。2008年4月24日,财政部又出手"救市",将印花税税率下调至1‰,当日沪指暴涨9.29%(即著名的424行情)。同年9月18日,财政部又将印花税改为单向征收,当日两市A股全线涨停报收(即918大救市)。

(3) 资金成本

资金成本是指投资者为筹集和使用资金而付出的代价,根据筹集资金的来源可以由两方面资金成本按构成比例进行加权平均:自有资金成本和负债资金成本。

自有资金成本可以看作使用资金的机会成本,即将此资金用于其他用途可以带来的收益,按资本定价理论为无风险收益加风险溢价,而无风险收益一般指国债利率。

负债资金成本是指从银行或其他方面借款必须支付的利率。

根据货币银行学理论,国债利率、银行贷款利率均建立在中央银行基础利率的基础上,因此资金成本主要取决于基础利率。

3.2.2 供需关系

如果在股票供给不变的情况下,或交易资金增长速度快于股票供给增长速度,即便公司盈利不变,也会导致股价上涨,反之亦然。

股票的供应是指证券市场中可供买卖的股票总量。从股票市场成立至今,每年都有新公司发行股票(IPO),每年都有上市公司增发股票,每年也有上市公司退市,因此每年市场中发行总股数都在变化。

股票的需求是指证券市场中可以用于买卖股票资金的多少,即资金的流动性。资金流动性受到社会总货币供应量和资金进入股市所占比例的影响,资金进入股市所占比例又受到很多政策性影响,如汇率、存款准备金率和债券发行量等。

基于以上影响股票价格指数的经济学分析,可得到股票价格指数的经济学理论模型如下:

$$Y = f(X_1, X_2, X_3, X_4, X_5, X_6, X_7, X_8)$$

其中,Y=股票价格指数,X_1=货币供应量,X_2=国内生产总值,X_3=物价指数,X_4=利率,X_5=汇率,X_6=存款准备金率,X_7=印花税税率,X_8=发行总股数,X_9=债券发行量。

3.3 股票价格指数的影响因素分析

3.3.1 货币供应量

参照国际通用原则并根据我国实际情况,中国人民银行将我国货币供应量指标分为 M0,M1,M2 三个层次,并从 1994 年三季度起按季向社会公布。

M0＝流通中的现金。

M1＝M0＋企业活期存款＋机关团体部队存款＋农村存款＋个人持有的信用卡类存款。M1 是通常所说的狭义货币量,流动性较强,是国家中央银行重点调控对象。

M2＝M1＋城乡居民储蓄存款＋企业存款中具有定期性质的存款＋外币存款＋信托类存款。M2 是通常所说的广义货币量。

货币供应量 M2 的统计监测数据见图 3。

将股票价格指数(Y)与货币供应量 M2(X)进行线性回归分析,R^2 只有 0.16(见图 4)。指数关系分析和多项式关系分析,R^2 也分别只有 0.322 和 0.664(见图 5 和图 6)。

第3章 统计探究活动2——影响上证50指数的因素及模型分析

SUMMARY OUTPUT

回归统计	
Multiple R	0.410598243
R Square	0.168590917
Adjusted R Square	0.15974614
标准误差	904.2240758
观测值	96

方差分析

	df	SS	MS	F	Significance F
回归分析	1	15584734.03	15584734.03	19.06106939	3.25141E-05
残差	94	76856390.84	817621.1792		
总计	95	92441124.88			

	Coefficients	标准误差	t Stat	P-value	Lower 95%	Upper 95%	下限 95.0%	上限 95.0%
Intercept	955.8510914	247.8076021	3.857230703	0.000209986	463.8233	1447.878883	463.8233	1447.878883
X Variable 1	0.002186919	0.000500909	4.365898463	3.25141E-05	0.001192352	0.003181486	0.001192352	0.003181486

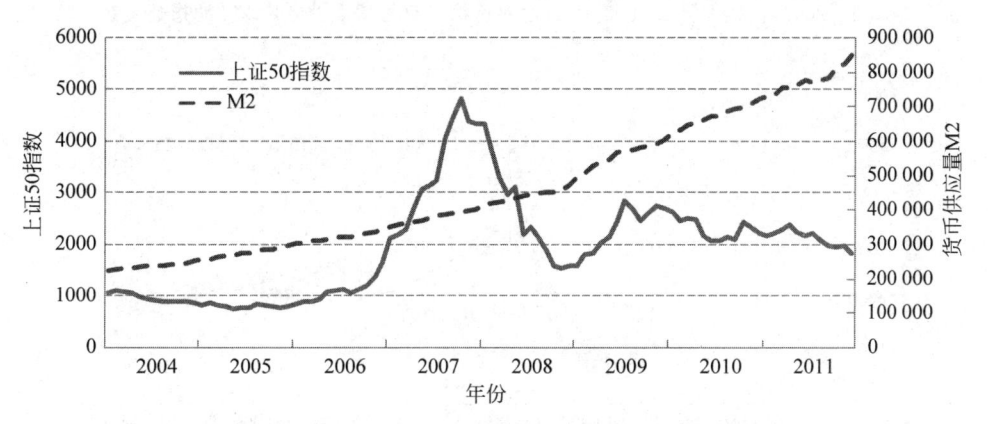

图3 2004年1月至2011年12月货币供应量M2(亿元)

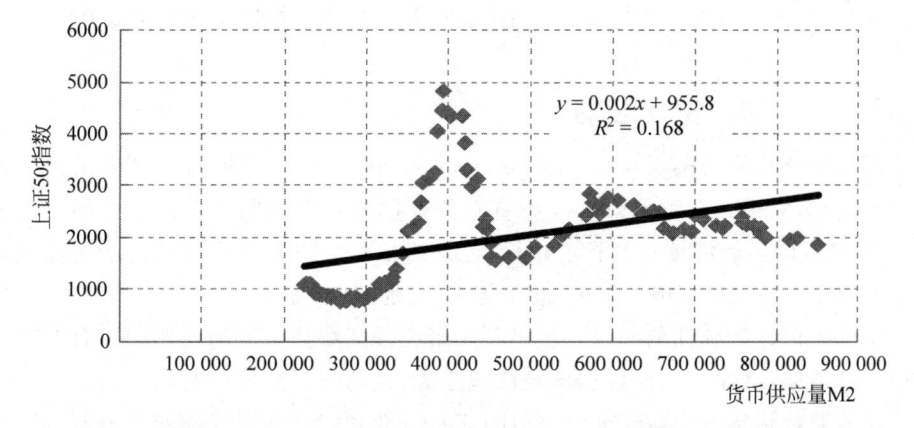

图4 2004年1月至2011年12月股票价格指数与货币供应量M2的线性关系

$y = 0.002x + 955.8$
$R^2 = 0.168$

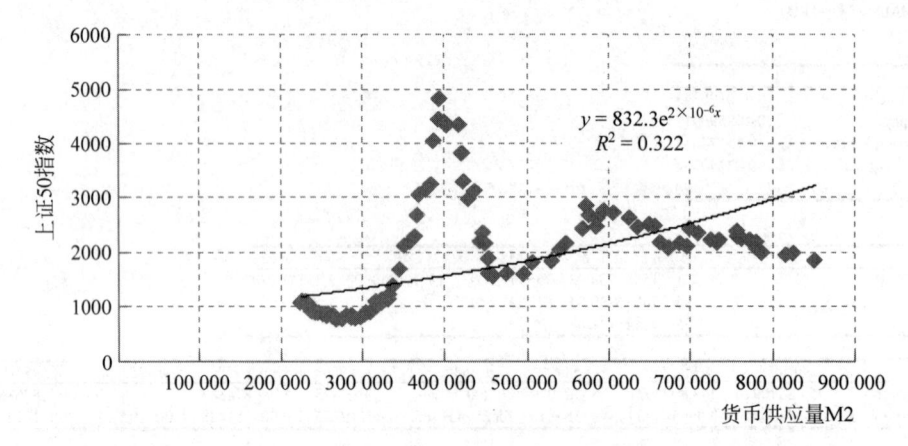

图 5　2004 年 1 月至 2011 年 12 月股票价格指数与货币供应量 M2 的指数关系

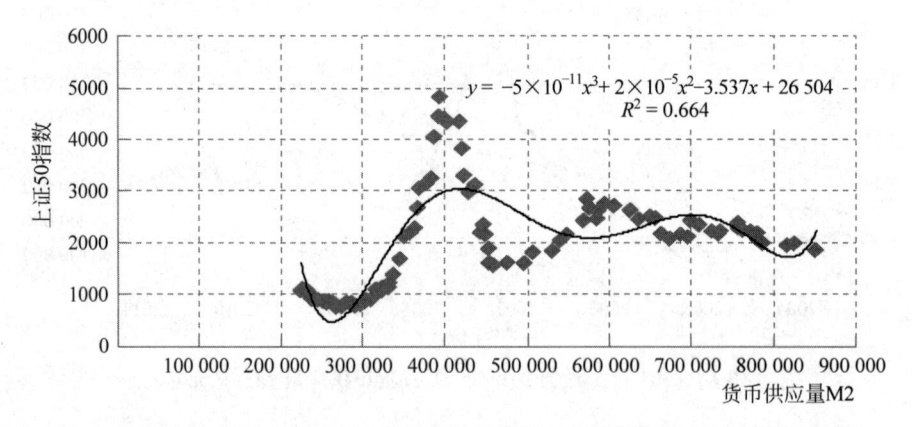

图 6　2004 年 1 月至 2011 年 12 月股票价格指数与货币供应量 M2 的多项式关系

3.3.2　国内生产总值

国内生产总值(gross domestic product, GDP)是按市场价格计算的国内生产总值的简称,它是一个国家(地区)所有常住单位在一定时期内生产活动的最终成果。GDP 是国民经济核算的核心指标,也是衡量一个国家或地区经济状况和发展水平的重要指标,2004 年 1 月至 2011 年 12 月的 GDP 见图 7。

由于国民经济统计的问题产生了每年第四季度数据突增的问题,采用前 12 月滑动求和数据,既保留了原数据的规律或趋势,又消除了突增情况,见图 8。

将股票价格指数(Y)与前 12 个月 GDP 滑动和(X)进行线性回归分析,R^2 只

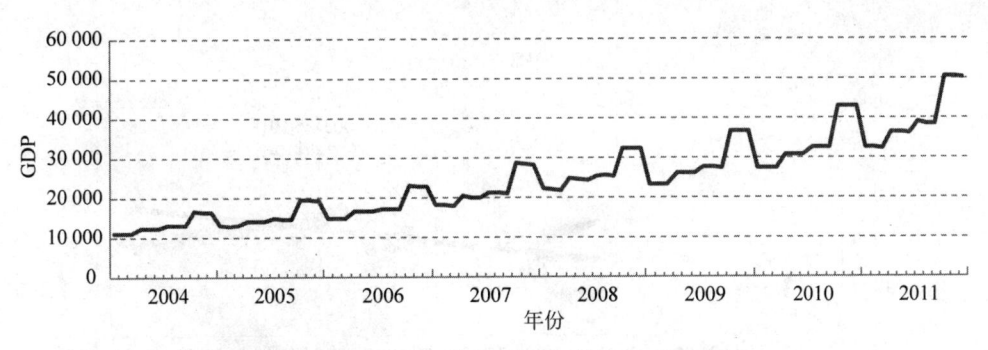

第3章 统计探究活动2——影响上证50指数的因素及模型分析

图7 2004年1月至2011年12月的GDP(亿元)

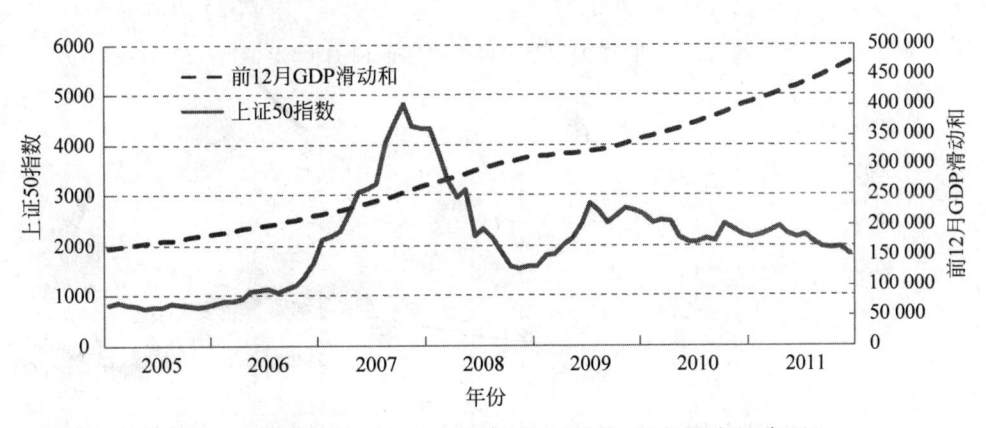

图8 2004年1月至2011年12月前12个月GDP滑动和(亿元)

有 0.115(见图 9)。指数关系分析和多项式关系分析，R^2 也只有 0.269 和 0.773（见图 10 和图 11）。

回归统计	
Multiple R	0.340087066
R Square	0.115659213
Adjusted R Square	0.104874569
标准误差	923.4941683
观测值	84

方差分析

	df	SS	MS	F	Significance F
回归分析	1	9146243.14	9146243.14	10.72443516	0.001550001
残差	82	69933001.27	852841.4789		
总计	83	79079244.41			

	Coefficients	标准误差	t Stat	P-value	Lower 95%	Upper 95%	下限 95.0%	上限 95.0%
Intercept	1018.64388	345.3701846	2.949426227	0.004147485	331.5925757	1705.695185	331.5925757	1705.695185
X Variable 1	0.003716186	0.001134776	3.27481834	0.001550001	0.001458755	0.005973618	0.001458755	0.005973618

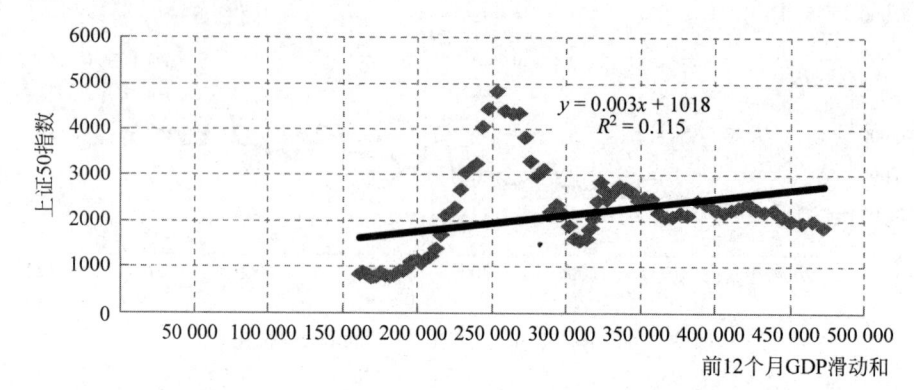

图 9　2004 年 1 月至 2011 年 12 月股票价格指数与前 12 月 GDP 滑动和的线性关系

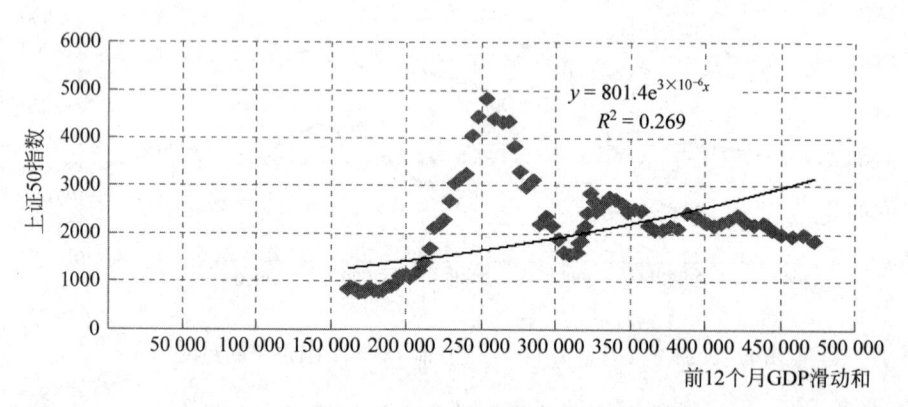

$y = 0.003x + 1018$
$R^2 = 0.115$

图 10　2004 年 1 月至 2011 年 12 月股票价格指数与前 12 月 GDP 滑动和的多项式关系

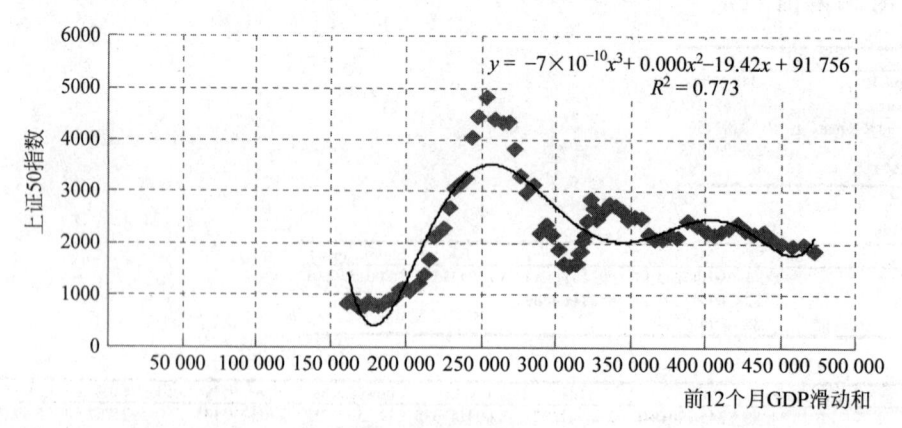

$y = 801.4e^{3\times 10^{-6}x}$
$R^2 = 0.269$

图 11　2004 年 1 月至 2011 年 12 月股票价格指数与前 12 月 GDP 滑动和的多项式关系

$y = -7\times 10^{-10}x^3 + 0.000x^2 - 19.42x + 91\,756$
$R^2 = 0.773$

3.3.3 物价指数

居民消费价格指数(consumer price index,CPI)是度量居民生活消费品和服务价格水平随着时间变动的相对数,综合反映居民购买的生活消费品和服务价格水平的变动情况。它是进行国民经济核算、宏观经济分析和预测及实施价格总水平调控的一项重要指标,并且世界各国一般用消费价格指数作为测定通货膨胀的主要指标。一般认为CPI增长率在2%~3%属于可接受范围内,当CPI增长率大于3%时我们称通货膨胀,而当其大于5%时称为严重的通货膨胀。

我国居民消费价格指数(CPI)涵盖城乡居民生活消费的食品、烟酒及用品、衣着、家庭设备用品及维修服务、医疗保健和个人用品、交通和通信、娱乐教育文化用品及服务、居住八大类,共262个基本分类的商品与服务价格。表1和图12中的数据来源于全国31个省(自治区、直辖市)500个市县,6.3万家价格调查点,包括食杂店、百货店、超市、便利店、专业市场、专卖店、购物中心,以及农贸市场与服务消费单位等。

表1 2011年调整的计算CPI的构成和各部分比重

序号	构 成 名 称	比重	序号	构 成 名 称	比重
1	食品	31%	5	医疗保健个人用品	9.64%
2	烟酒及用品	3.49%	6	衣着	8.52%
3	居住	17.22%	7	家庭设备及维修服务	5.64%
4	交通和通信	9.95%	8	娱乐教育文化用品及服务	13.75%

图12 2004年1月至2011年12月CPI(%)

将股票价格指数(Y)与CPI(X)进行线性回归分析,R^2只有0.193(见图13)。指数关系分析和多项式关系分析,R^2也只有0.150和0.452(见图14和图15)。

SUMMARY OUTPUT

回归统计	
Multiple R	0.440357524
R Square	0.193914749
Adjusted R Square	0.185339374
标准误差	890.3467372
观测值	96

方差分析

	df	SS	MS	F	Significance F
回归分析	1	17925697.51	17925697.51	22.61297594	7.13155E-06
残差	94	74515427.36	792717.3124		
总计	95	92441124.88			

	Coefficients	标准误差	t Stat	P-value	Lower 95%	Upper 95%	下限 95.0%	上限 95.0%
Intercept	1391.76178	150.1102531	9.271597047	6.5057E-15	1093.71436	1689.809199	1093.71436	1689.809199
X Variable 1	175.1575715	36.83409933	4.755310288	7.13155E-06	102.0226055	248.2925374	102.0226055	248.2925374

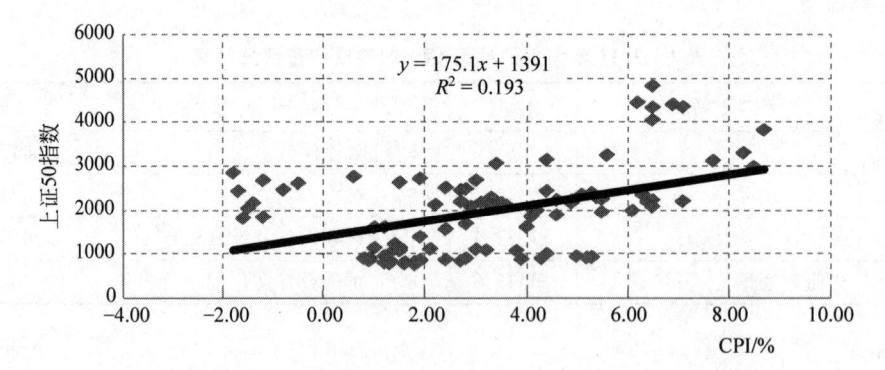

$y = 175.1x + 1391$
$R^2 = 0.193$

图13　2004年1月至2011年12月股票价格指数与CPI的线性关系

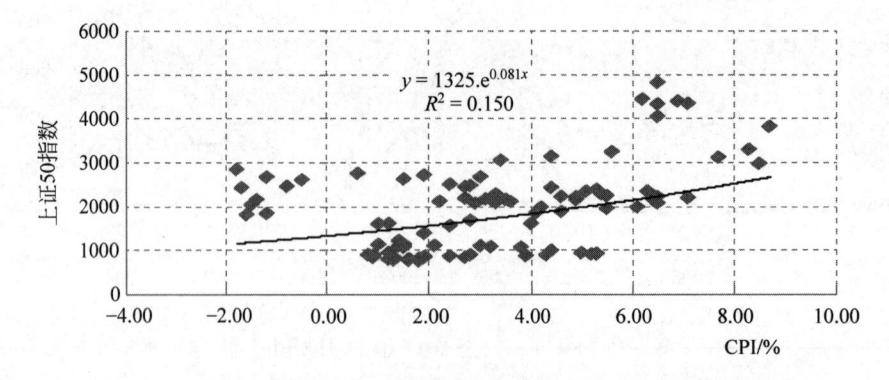

$y = 1325 \cdot e^{0.081x}$
$R^2 = 0.150$

图14　2004年1月至2011年12月股票价格指数与CPI的指数关系

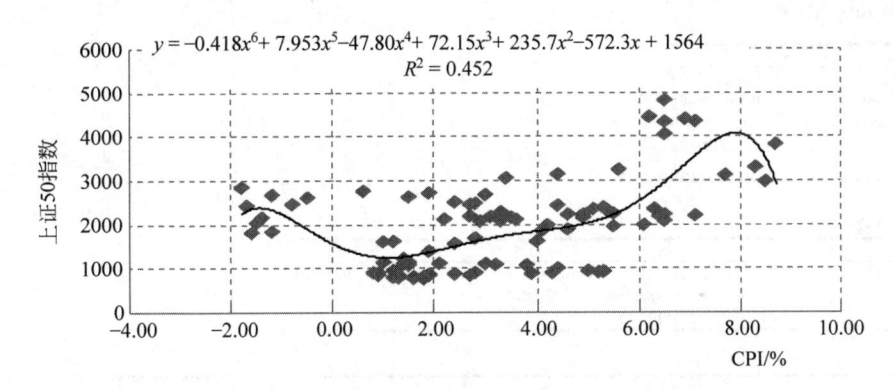

第3章 统计探究活动2——影响上证50指数的因素及模型分析

$y = -0.418x^6 + 7.953x^5 - 47.80x^4 + 72.15x^3 + 235.7x^2 - 572.3x + 1564$
$R^2 = 0.452$

图15　2004年1月至2011年12月股票价格指数与CPI的多项式关系

3.3.4　利率

利率(interest rate)是指一定时期内利息额同借贷资本总额的比率,是单位货币在单位时间内的利息水平。从借款人的角度来看,利息是借款人使用贷款人的货币资本而向贷款人支付的价格;从贷款人的角度来看,利息是贷款人借出货币资本所获得的报酬。如果用 i 表示利率,用 I 表示利息额,用 P 表示本金,则利率可用公式表示为 $i = I/P$。

利率通常由国家的中央银行控制,并作为宏观经济调控的重要工具之一,已成为各国中央银行调控货币供求、进而调控经济的主要手段。当经济过热、通货膨胀上升时,便提高利率、收紧信贷;当过热的经济和通货膨胀得到控制时,便会把利率适当地调低。因此,利率是重要的基本经济因素之一。

利率体系按不同的分类标志有不同的划分方式。按银行业务要求分为存款利率和贷款利率,按借贷主体分为银行利率、非银行金融机构利率、债券利率和市场利率等,按利率之间的变动关系分为基准利率和套算利率。

基准利率是金融市场上具有普遍参照作用的利率,其他利率水平均根据基准利率水平来确定。我国基准利率是中国人民银行对商业银行贷款的利率,我国2004年1月至2011年12月的基准利率见图16。

将股票价格指数(Y)与基准利率(X)进行线性回归分析,R^2 只有0.396(见图17)。指数关系分析和多项式关系分析,R^2 也只有0.371和0.369(见图18和图19)。

SUMMARY OUTPUT

回归统计	
Multiple R	0.629861417
R Square	0.396725405
Adjusted R Square	0.39030759
标准误差	770.2402372
观测值	96

方差分析

	df	SS	MS	F	Significance F
回归分析	1	36673742.71	36673742.71	61.8162747	6.20228E-12
残差	94	55767382.16	593270.023		
总计	95	92441124.88			

	Coefficients	标准误差	t Stat	P-value	Lower 95%	Upper 95%	下限 95.0%	上限 95.0%
Intercept	-436.4407472	314.7659116	-1.386556584	0.168856757	-1061.415829	188.5343343	-1061.415829	188.5343343
X Variable 1	888.3326653	112.9858917	7.86233265	6.20228E-12	663.9965341	1112.668797	663.9965341	1112.668797

图 16 2004 年 1 月至 2011 年 12 月基准利率(%)

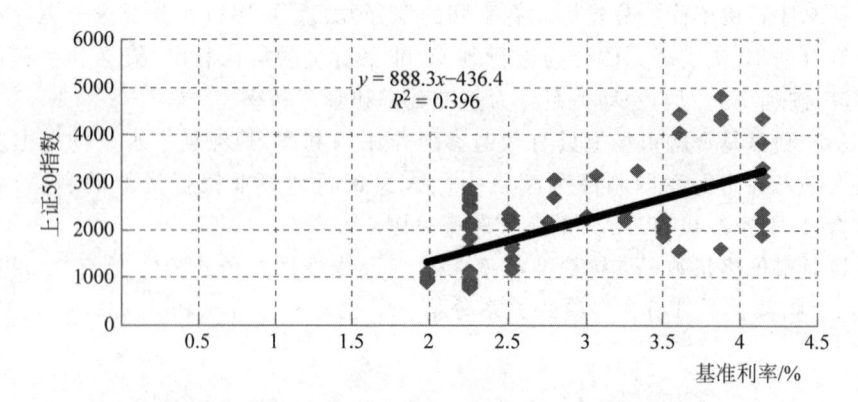

图 17 2004 年 1 月至 2011 年 12 月股票价格指数与基准利率的线性关系

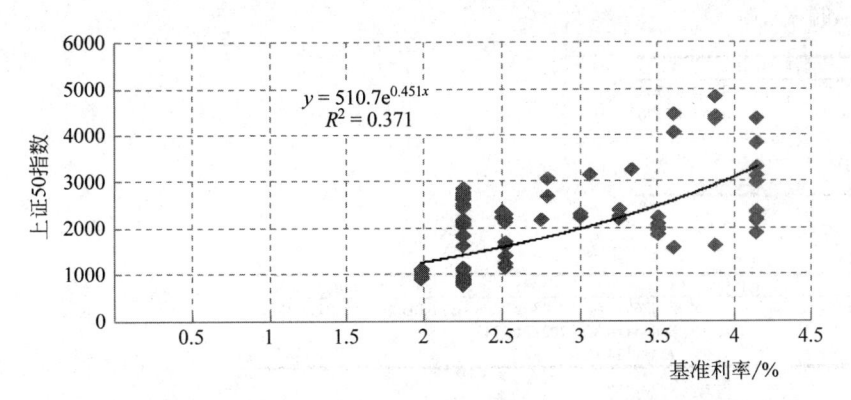

图 18　2004 年 1 月至 2011 年 12 月股票价格指数与基准利率的指数关系

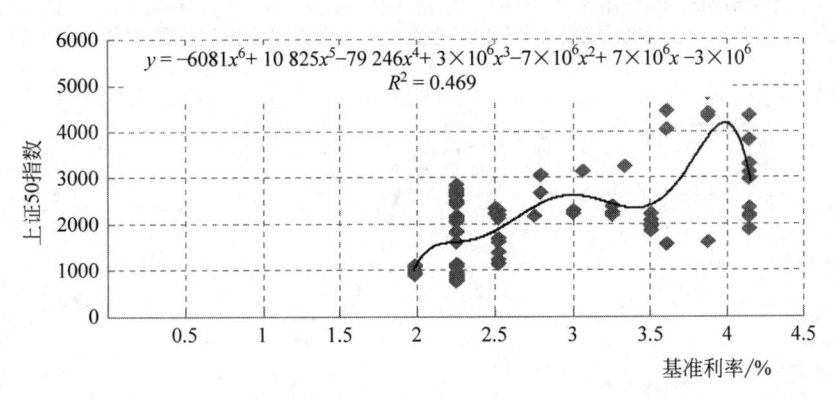

图 19　2004 年 1 月至 2011 年 12 月股票价格指数与前 12 月 GDP 滑动和的多项式关系

3.3.5　汇率

汇率(exchange rate)是两种货币之间的兑换比率,亦可视为一个国家的货币对另一种货币的价值。简单地说,就是用一个单位的一种货币兑换等值的另一种货币。

各国在制定汇率时必须选择某一国货币作为主要对比对象,这种货币称为关键货币。根据本国货币与关键货币实际价值的对比,制定出对它的汇率,这个汇率就是基本汇率。一般美元是国际支付中使用较多的货币,各国都把美元当作制定汇率的主要货币,常把对美元的汇率作为基本汇率,2004 年 1 月到 2011 年 12 月人民币对美元的汇率见图 20。

将股票价格指数(Y)与汇率(X)进行线性回归分析,R^2 只有 0.285(见图 21)。指数关系分析和多项式关系分析,R^2 也只有 0.478 和 0.931(见图 22 和图 23)。

SUMMARY OUTPUT

回归统计	
Multiple R	0.534777707
R Square	0.285987196
Adjusted R Square	0.278391315
标准误差	837.956905
观测值	96

方差分析

	df	SS	MS	F	Significance F
回归分析	1	26436978.06	26436978.06	37.65030012	1.99332E-08
残差	94	66004146.82	702171.7747		
总计	95	92441124.88			

	Coefficients	标准误差	t Stat	P-value	Lower 95%	Upper 95%	下限 95.0%	上限 95.0%
Intercept	7704.943267	940.1803545	8.195175777	1.24158E-12	5838.193178	9571.693356	5838.193178	9571.693356
X Variable 1	-778.1518586	126.8177775	-6.135984039	1.99332E-08	-1029.951523	-526.3521945	-1029.951523	-526.3521945

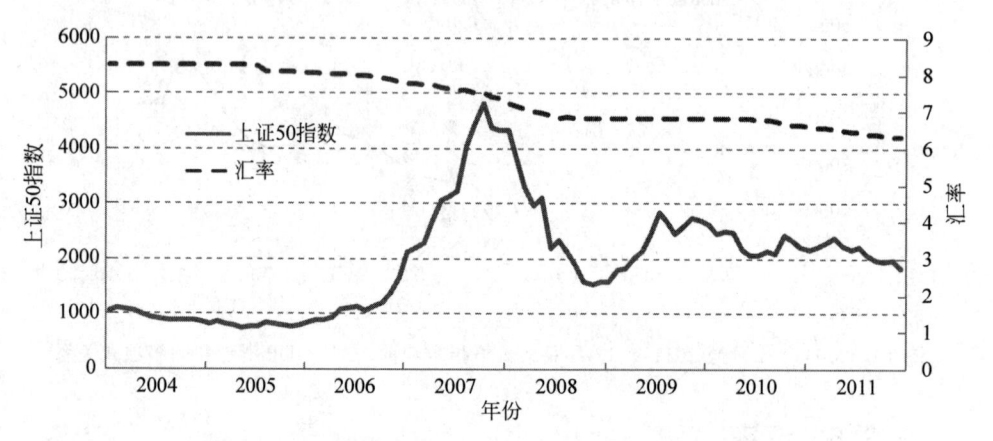

图 20　2004 年 1 月至 2011 年 12 月汇率(人民币/美元)

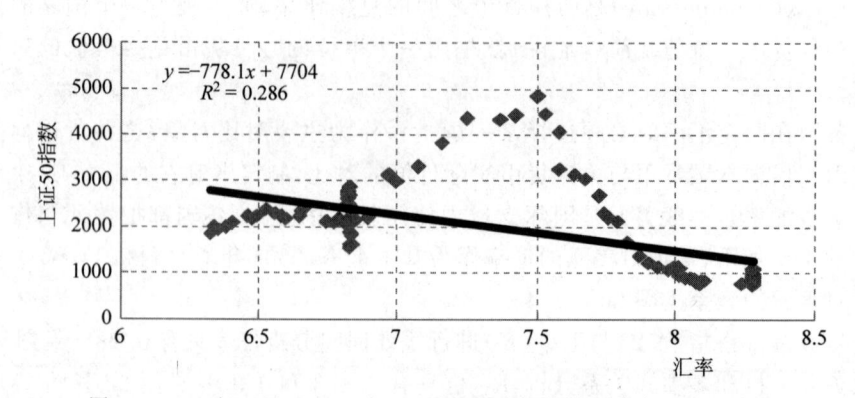

$y = -778.1x + 7704$
$R^2 = 0.286$

图 21　2004 年 1 月至 2011 年 12 月股票价格指数与汇率的线性关系

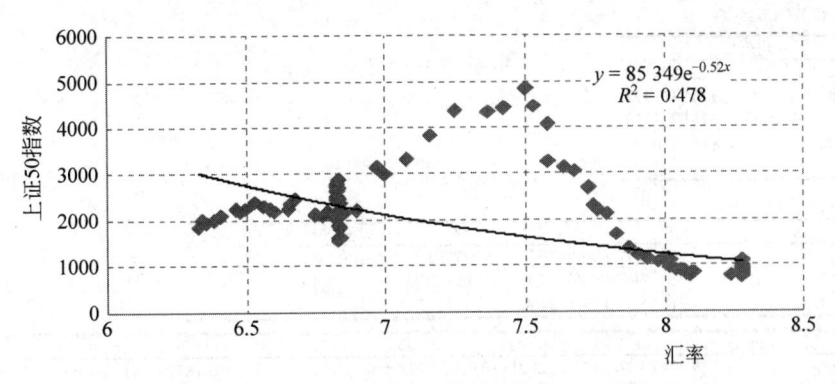

第3章 统计探究活动2——影响上证50指数的因素及模型分析

图 22　2004 年 1 月至 2011 年 12 月股票价格指数与汇率的指数关系

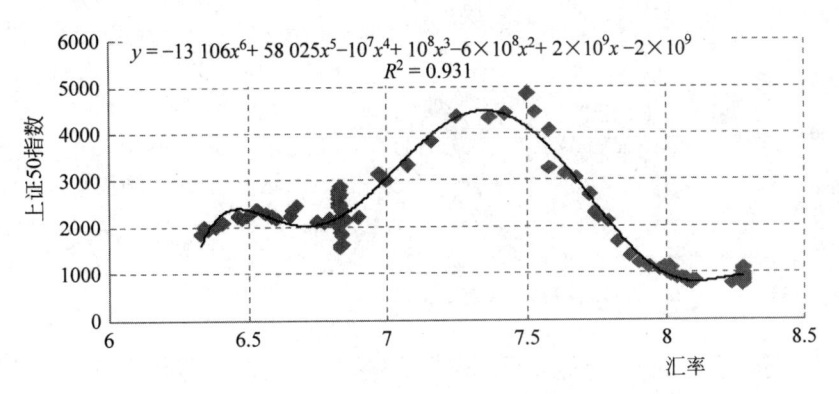

图 23　2004 年 1 月至 2011 年 12 月股票价格指数与汇率的多项式关系

3.3.6 存款准备金率

存款准备金(deposit reserve)是中国人民银行根据法律的规定,要求各商业银行按一定的比例将吸收的存款存入在人民银行开设的准备金账户,商业银行缴存准备金的比例就是准备金率。简单地说,就是各家银行需要交给人民银行保管的一部分押金,用以保证将来居民的提款,而如果押金交的比以前多了,那么银行可以用于自己往外贷款的资金就减少了,这就起到对商业银行利用存款发放贷款行为进行控制的作用。2004 年 1 月至 2011 年 12 月的存款准备金率见图 24。

将股票价格指数(Y)与存款准备金率(X)进行线性回归分析,R^2 只有 0.275 (见图 25)。指数关系分析和多项式关系分析,R^2 也只有 0.45 和 0.864(见图 26 和图 27)。

SUMMARY OUTPUT

回归统计	
Multiple R	0.524806129
R Square	0.275421473
Adjusted R Square	0.26771319
标准误差	844.1340403
观测值	96

方差分析

	df	SS	MS	F	Significance F
回归分析	1	25460270.75	25460270.75	35.7305902	4.04618E-08
残差	94	66980854.13	712562.278		
总计	95	92441124.88			

	Coefficients	标准误差	t Stat	P-value	Lower 95%	Upper 95%	下限 95.0%	上限 95.0%
Intercept	575.5547789	247.1028617	2.329211305	0.021989802	84.92626602	1066.183292	84.92626602	1066.183292
X Variable 1	107.0478774	17.90844863	5.977507022	4.04618E-08	71.49023372	142.6055212	71.49023372	142.6055212

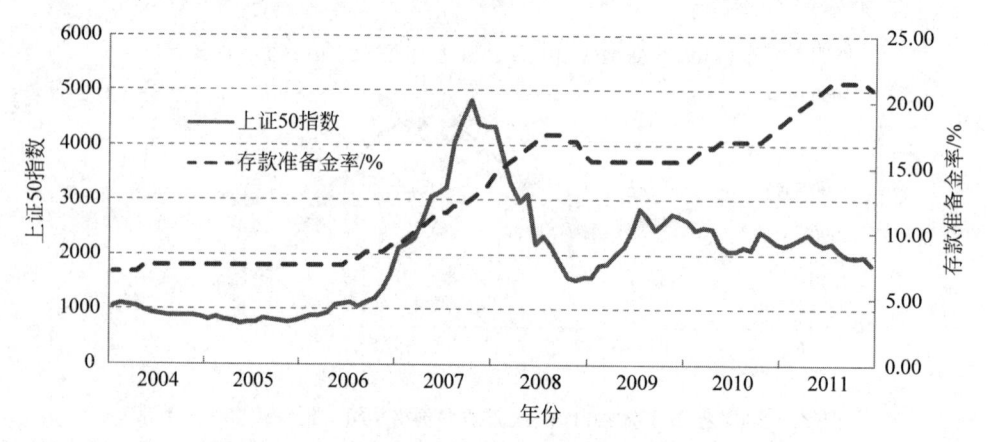

图 24　2004 年 1 月至 2011 年 12 月存款准备金率(%)

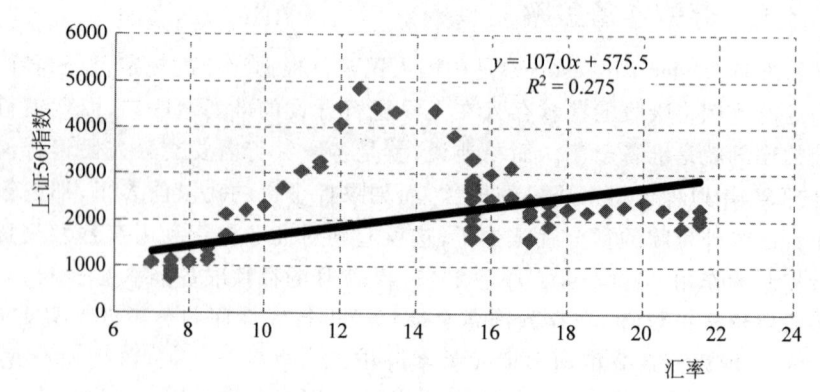

图 25　2004 年 1 月至 2011 年 12 月股票价格指数与存款准备金率的线性关系

$y = 107.0x + 575.5$
$R^2 = 0.275$

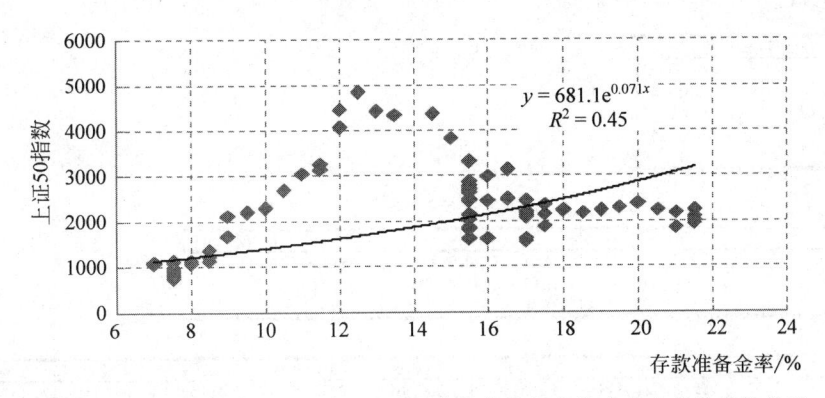

第3章 统计探究活动2——影响上证50指数的因素及模型分析

图 26 2004 年 1 月至 2011 年 12 月股票价格指数与存款准备金率的指数关系

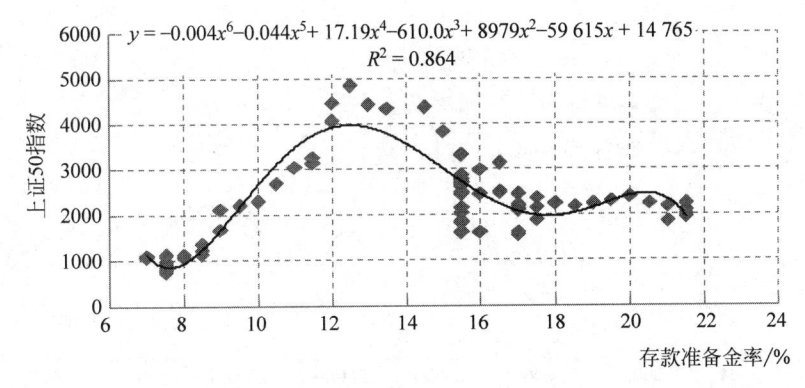

图 27 2004 年 1 月至 2011 年 12 月股票价格指数与存款准备金率的多项式关系

3.3.7 印花税税率

印花税(stamp duty)是以经济活动中签立的各种合同、产权转移书据、营业账簿和权利许可证照等应税凭证文件为对象所征的税,由纳税人按规定应税的比例和定额自行购买并粘贴印花税票,即完成纳税义务。股票交易印花税是从普通印花税发展而来的,是专门针对股票交易发生额征收的一种税,2004 年 1 月至 2011 年 12 月的印花税税率见图 28。

将股票价格指数(Y)与印花税税率(X)进行线性回归分析,R^2 只有 0.218(见图 29)。指数关系分析和多项式关系分析,R^2 也只有 0.09 和 0.6(见图 30 和图 31)。

SUMMARY OUTPUT

回归统计	
Multiple R	0.467536435
R Square	0.218590318
Adjusted R Square	0.210277449
标准误差	876.6133453
观测值	96

方差分析

	df	SS	MS	F	Significance F
回归分析	1	20206734.91	20206734.91	26.29541251	1.56602E-06
残差	94	72234389.97	768450.9571		
总计	95	92441124.88			

	Coefficients	标准误差	t Stat	P-value	Lower 95%	Upper 95%	下限 95.0%	上限 95.0%
Intercept	1037.691985	200.8719886	5.165936738	1.33714E-06	638.8559527	1436.528018	638.8559527	1436.528018
X Variable 1	675.8379238	131.7961014	5.127905275	1.56602E-06	414.1536811	937.5221666	414.1536811	937.5221666

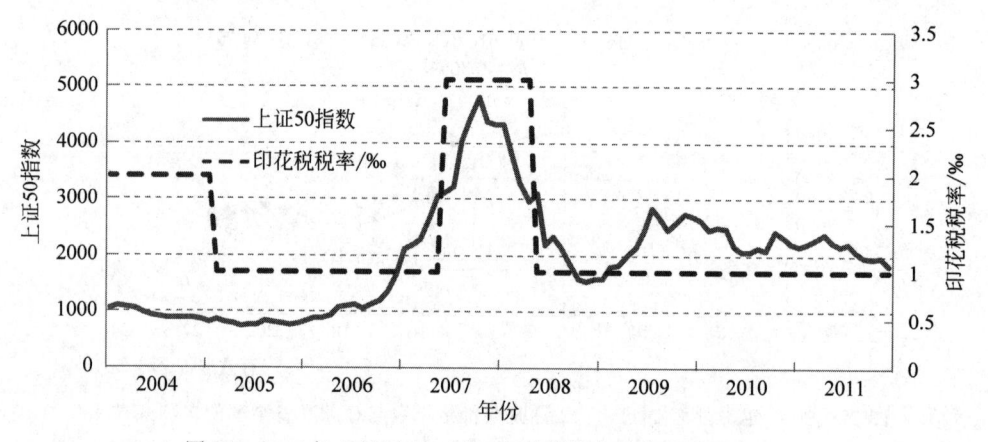

图 28　2004 年 1 月至 2011 年 12 月股票交易印花税税率(‰)

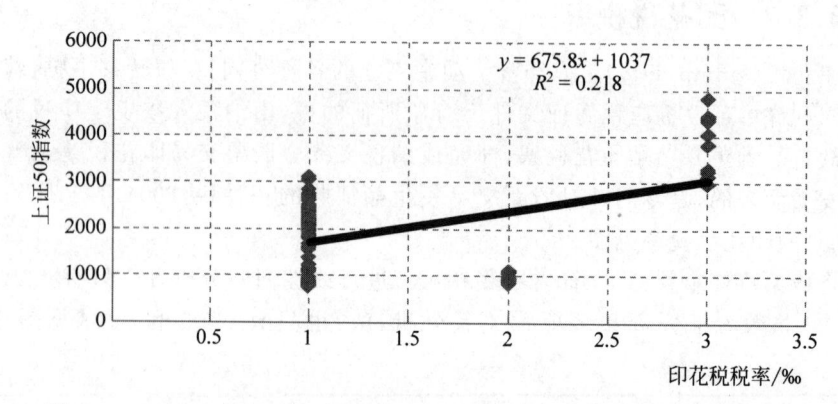

图 29　2004 年 1 月至 2011 年 12 月股票价格指数与印花税税率的线性关系

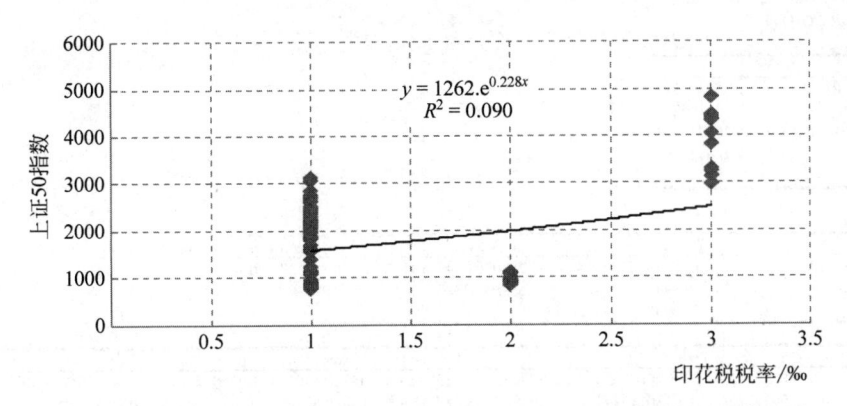

第3章 统计探究活动2——影响上证50指数的因素及模型分析

图 30　2004 年 1 月至 2011 年 12 月股票价格指数与印花税税率的指数关系

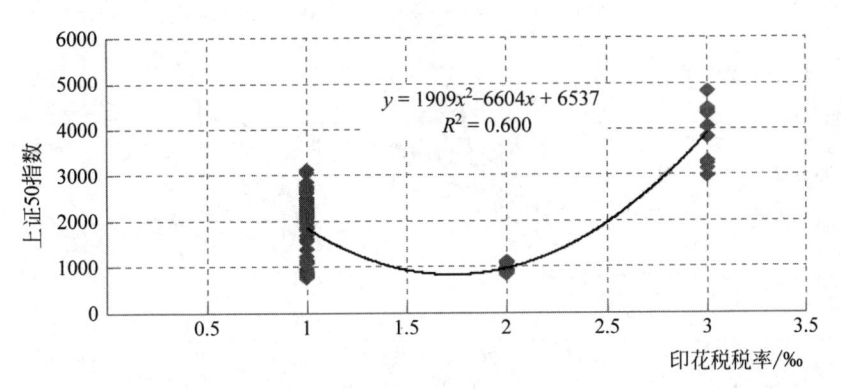

图 31　2004 年 1 月至 2011 年 12 月股票价格指数与印花税税率的多项式关系

3.3.8　发行总股数

股份公司将全部资本划分为若干等额股份,而股票就是用以证明出资人所持有股份数、享有权益和承担义务的凭证。股份公司为了筹集资本向社会公开发行股票,而经过国家证券管理部门批准可以在证券交易所上市交易的股份有限公司就称为上市公司。

发行总股数就是所有上市公司发行的全部股票的总数量,2004 年 1 月至 2011 年 12 月发行总股数见图 32。

将股票价格指数(Y)与发行总股数(X)进行线性回归分析,R^2 只有 0.305(见图 33)。指数关系分析和多项式关系分析,R^2 也只有 0.494 和 0.723(见图 34 和图 35)。

SUMMARY OUTPUT

回归统计	
Multiple R	0.552390513
R Square	0.305135279
Adjusted R Square	0.297743101
标准误差	826.6445661
观测值	96

方差分析

	df	SS	MS	F	Significance F
回归分析	1	28207048.44	28207048.44	41.27812993	5.38919E-09
残差	94	64234076.44	683341.2387		
总计	95	92441124.88			

	Coefficients	标准误差	t Stat	P-value	Lower 95%	Upper 95%	下限 95.0%	上限 95.0%
Intercept	901.3540563	185.1087003	4.869323023	4.51316E-06	533.8164012	1268.891711	533.8164012	1268.891711
X Variable 1	0.083917689	0.013061514	6.424805828	5.38919E-09	0.057983748	0.109851629	0.057983748	0.109851629

图32　2004年1月至2011年12月发行总股数（亿股）

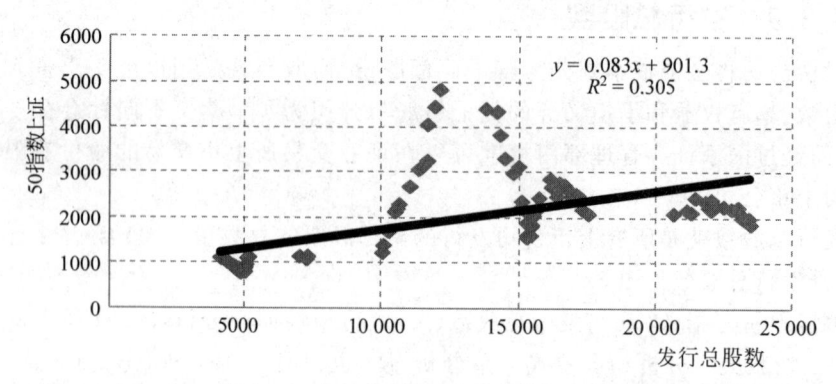

图33　2004年1月至2011年12月股票价格指数与发行总股数的线性关系

$y = 0.083x + 901.3$
$R^2 = 0.305$

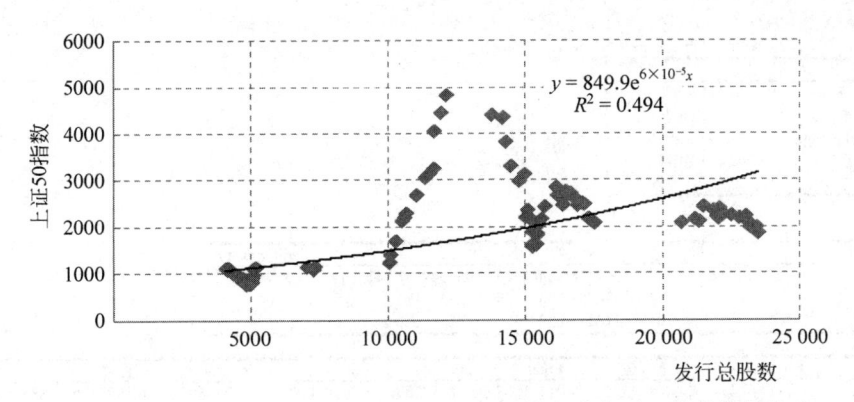

第3章 统计探究活动2——影响上证50指数的因素及模型分析

图 34 2004年1月至2011年12月股票价格指数与发行总股数的指数关系

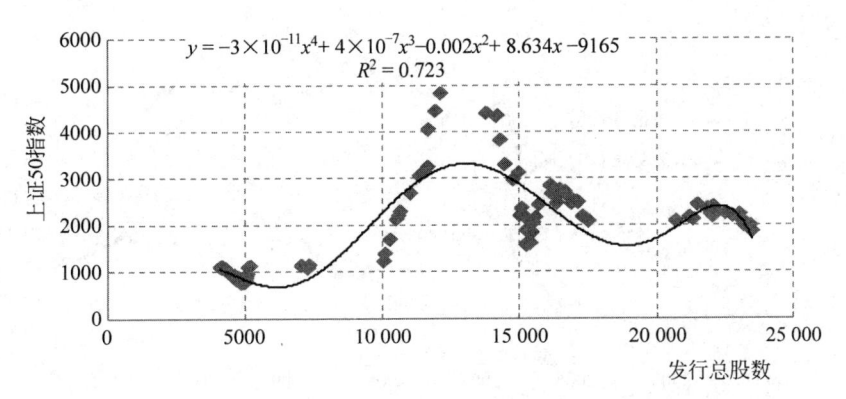

图 35 2004年1月至2011年12月股票价格指数与发行总股数的多项式关系

3.3.9 债券发行量

债券是政府、金融机构和工商企业等直接向社会借债筹措资金时,向投资者发行,承诺按一定利率支付利息并按约定条件偿还本金的债权债务凭证。债券的本质是债的证明书。债券购买者与债券发行者之间是一种债权债务关系,债券发行者即债务人,投资者(债券持有人)即债权人。债券是一种有价证券。由于债券的利息通常是事先确定的,所以债券是固定利息证券(定息证券)的一种,2004年1月至2011年12月债券发行量见图36。

将股票价格指数(Y)与债券发行量(X)进行线性回归分析,R^2只有0.401(见图37)。指数关系分析和多项式关系分析,R^2也只有0.542和0.609(见图38和图39)。

SUMMARY OUTPUT

回归统计	
Multiple R	0.633285716
R Square	0.401050798
Adjusted R Square	0.394678998
标准误差	767.4740133
观测值	96

方差分析

	df	SS	MS	F	Significance F
回归分析	1	37073586.94	37073586.94	62.94152317	4.39981E-12
残差	94	55367537.94	589016.361		
总计	95	92441124.88			

	Coefficients	标准误差	t Stat	P-value	Lower 95%	Upper 95%	下限 95.0%	上限 95.0%
Intercept	484.562854	201.7884325	2.401341088	0.018302691	83.9072005	885.2185076	83.9072005	885.2185076
X Variable 1	0.048415982	0.006102673	7.933569384	4.39981E-12	0.036298982	0.060532983	0.036298982	0.060532983

图36　2004年1月至2011年12月债券发行量（亿元）

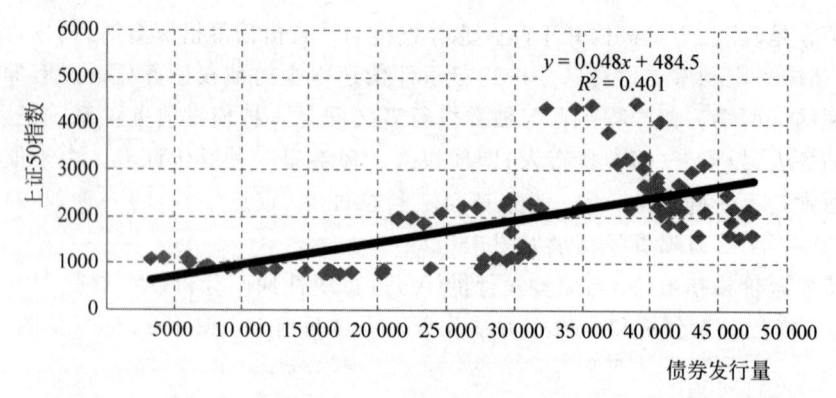

图37　2004年1月至2011年12月股票价格指数与债务发行量的线性关系

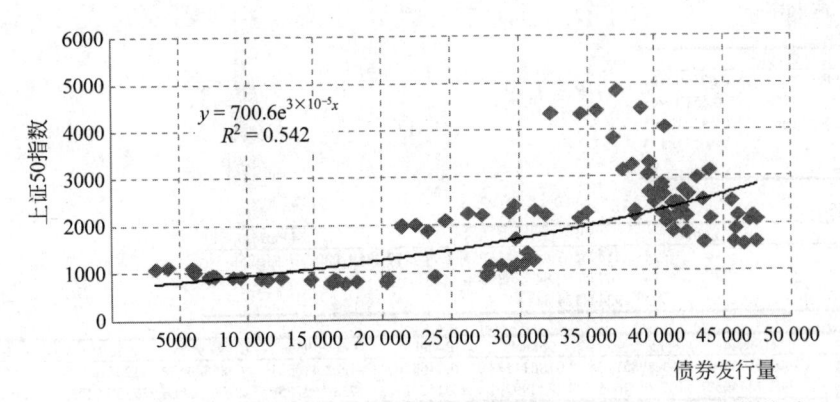

第3章 统计探究活动2——影响上证50指数的因素及模型分析

图 38 2004年1月至2011年12月股票价格指数与债务发行量的指数关系

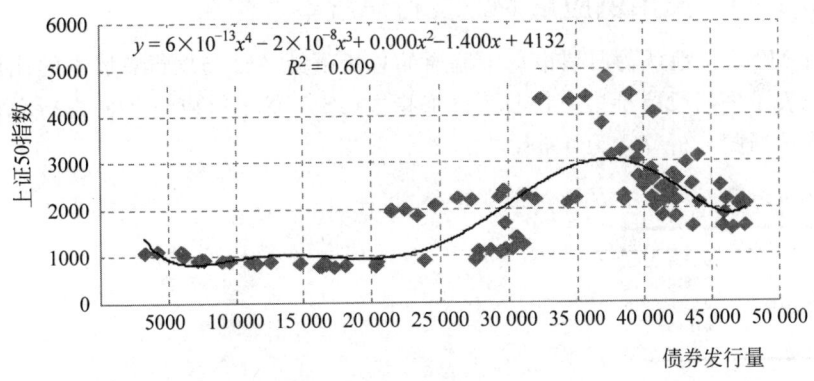

图 39 2004年1月至2011年12月股票价格指数与债务发行量的多项式关系

3.3.10 利率参数的修正

经过相关资料的查阅,利率变动在短期内对股市的影响不定,但根据格兰杰因果分析,利率在长期看与股指呈负相关,即利率升高,股指下降。但是,在假定了以月、季度、半年、一年为时间滞后长度进行指数滑动处理后发现,回归效果并不显著。相反,假定时间超前现象,在一个月的超前预期中,获得了较高的回归效果。笔者认为,股市中的大户在预先得知利率政策调整的情况下做出了投资策略上的改变,从而导致了时间超前的结果。

将股票价格指数(Y)与0.9倍的下月利率与0.1倍的本月利率之和(X)进行线性回归分析,R^2为0.45。

SUMMARY OUTPUT

回归统计

Multiple R	0.671602501
R Square	0.45104992
Adjusted R Square	0.445210025
标准误差	734.7424135
观测值	96

方差分析

	df	SS	MS	F	Significance F
回归分析	1	41695561.94	41695561.94	77.23597089	6.91525E-14
残差	94	50745562.94	539846.4143		
总计	95	92441124.88			

	Coefficients	标准误差	t Stat	P-value	Lower 95%	Upper 95%	下限 95.0%	上限 95.0%
Intercept	-609.2133901	301.7982775	-2.018611223	0.04637671	-1208.440931	-9.985849499	-1208.440931	-9.985849499
X Variable 1	947.1475057	107.7724646	8.788399791	6.91525E-14	733.1627559	1161.132256	733.1627559	1161.132256

3.3.11 货币供应量M2/发行总股本

将 M2 近似地认为股票市场中流通的总货币量，M2 与发行总股本的比值可以粗略地表示平均股票价格。将股票价格指数(Y)与货币供应量 M2/发行总股(X)进行线性回归分析，R^2 为 0.58。

SUMMARY OUTPUT

回归统计

Multiple R	0.762532305
R Square	0.581455517
Adjusted R Square	0.577002916
标准误差	641.5632738
观测值	96

方差分析

	df	SS	MS	F	Significance F
回归分析	1	53750402.05	53750402.05	130.5878366	1.78082E-19
残差	94	38690722.83	411603.4344		
总计	95	92441124.88			

	Coefficients	标准误差	t Stat	P-value	Lower 95%	Upper 95%	下限 95.0%	上限 95.0%
Intercept	4767.489061	254.2604657	18.75041426	1.59244E-33	4262.648958	5272.329164	4262.648958	5272.329164
X Variable 1	-68.75306389	6.016455281	-11.42750352	1.78082E-19	-80.69887661	-56.80725118	-80.69887661	-56.80725118

3.4 建立股票价格指数的多元计量数学模型1

基于以上影响股票价格指数的经济学分析，构建多元线性计量经济数学模型 1 如下所示：

$$Y=\beta_0+\beta_1 X_1+\beta_2 X_2+\beta_3 X_3+\beta_4 X_4+\beta_5 X_5+\beta_6 X_6+\beta_7 X_7+\beta_8 X_8+\beta_9 X_9$$

其中，Y=股票价格指数，X_1=货币供应量，X_2=发行总股数，X_3=国内生产总值，X_4＝利率，X_5＝存款准备金率，X_6＝印花税税率，X_7＝汇率，X_8＝物价指数，X_9＝债券发行量。

3.4.1 回归系数估计

采用 Excel 中的数据分析工具对模型 1 进行回归，得出如下结果：

SUMMARY OUTPUT

回归统计	
Multiple R	0.929102022
R Square	0.863230567
Adjusted R Square	0.846596446
标准误差	382.3049484
观测值	84

方差分析

	df	SS	MS	F	Significance F
回归分析	9	68263620.97	7584846.774	51.89517407	2.12191E-28
残差	74	10815623.44	146157.0736		
总计	83	79079244.41			

	Coefficients	标准误差	t Stat	P-value	Lower 95%	Upper 95%	下限 95.0%	上限 95.0%
Intercept	5376.153834	7896.943941	0.68078916	0.498129645	-10358.8502	21111.15788	-10358.8502	21111.15788
X Variable 1	0.012523516	0.003166466	3.955045387	0.000173671	0.006214195	0.018832837	0.006214195	0.018832837
X Variable 2	0.144583332	0.050559288	2.859678962	0.005507171	0.043841753	0.24532491	0.043841753	0.24532491
X Variable 3	-0.03149764	0.009217814	-3.41704009	0.001031811	-0.04986454	-0.01313074	-0.04986454	-0.01313074
X Variable 4	841.1767053	185.0370576	4.545990495	2.09022E-05	472.4823251	1209.871085	472.4823251	1209.871085
X Variable 5	-98.6082673	99.82544429	-0.98780695	0.326466124	-297.514804	100.2982695	-297.514804	100.2982695
X Variable 6	748.0921176	92.35210803	8.100433585	8.36458E-12	564.0765282	932.107707	564.0765282	932.107707
X Variable 7	-680.391334	838.3538001	-0.81158019	0.419635443	-2350.84772	990.0650526	-2350.84772	990.0650526
X Variable 8	-85.2673281	45.031584	-1.89350053	0.062200662	-174.994717	4.460060315	-174.994717	4.460060315
X Variable 9	0.029589407	0.009422125	3.140417659	0.002424834	0.010815414	0.048363401	0.010815414	0.048363401

数学模型 1 为

股票价格指数＝5376.153 834

　　　　　＋0.012 523 516×货币供应量 M2(亿元)

　　　　　＋0.144 583 332×发行总股数(亿股)

　　　　　－0.031 497 64×国民生产总值 GDP(亿元)

　　　　　＋841.176 705 3×利率(％)

　　　　　－98.608 267 3×存款准备金率(％)

　　　　　＋748.092 117 6×股票交易印花税税率(‰)

　　　　　－680.391 334×汇率

　　　　　－85.267 328 1×物价上涨指数 CPI(％)

　　　　　＋0.029 589 407×债券发行量(亿元)

3.4.2 拟合优度分析

将模型的计算值与实际值对比来看拟合的效果见图 40，R^2 为 0.86。

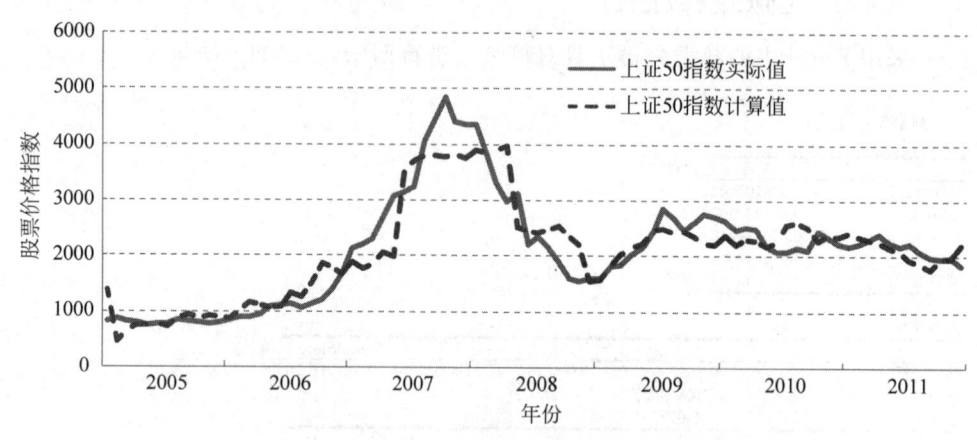

图 40　模型 1 股票价格指数的计算值与实际值

3.4.3 回归方程的显著性检验

通过计算 F 值为 51.9，查表临界值 $F_{0.05}=1.96$，F 值大于临界值 $F_{0.05}$，则认为回归方程是显著的。

3.4.4 回归系数的显著性检验

通过计算，参数 $\beta_1,\beta_2,\cdots,\beta_8,\beta_9$ 的 t 值分别为 0.680 789 16，3.955 045 387，2.859 678 962，$-3.417\ 040\ 09$，4.545 990 495，$-0.987\ 806\ 95$，8.100 433 585，$-0.811\ 580\ 19$，$-1.893\ 500\ 53$，3.140 417 659，其绝对值与查表临界值 $t_{0.05}=1.96$ 相比，$\beta_0,\beta_5,\beta_7,\beta_8$ 的 t 值小于临界值 $t_{\alpha/2}(1.96)$，说明常数、存款准备金率、汇率和物价上涨指数对股票价格指数的影响不显著。这显然与经济学理论不符。

3.4.5 模型的进一步优化

通过图像的观察和相关资料的查阅，可以发现股票价格指数在一定范围内成周期性波动。大周期为 3 年，小周期为 100 个交易日，约为 4 个月。所以在该线性公式中，添入三角函数 $\sin(w/4)$，其中 w 为该数据所在的序号。

第3章 统计探究活动2——影响上证50指数的因素及模型分析

公式为

$$Y = \beta_0 + \beta_1 X_1 + \beta_2 X_2 + \beta_3 X_3 + \beta_4 X_4 + \beta_5 X_5 + \beta_6 X_6 + \beta_7 X_7 + \beta_8 X_8 + \beta_9 X_9 + \beta_{10} \sin(w/4)$$

采用 Excel 进行回归，得出如下结果：

SUMMARY OUTPUT

回归统计	
Multiple R	0.960141971
R Square	0.921872604
Adjusted R Square	0.911170221
标准误差	290.9186083
观测值	84

方差分析

	df	SS	MS	F	Significance F
回归分析	10	72900988.94	7290098.894	86.13713389	2.7119E-36
残差	73	6178255.477	84633.63668		
总计	83	79079244.41			

	Coefficients	标准误差	t Stat	P-value	Lower 95%	Upper 95%	下限 95.0%	上限 95.0%
Intercept	11987.13031	6075.259536	1.97310588	0.052269953	-120.8443086	24095.10493	-120.8443086	24095.10493
X Variable 1	0.007009717	0.002522061	2.779361045	0.006921794	0.001983258	0.012036177	0.001983258	0.012036177
X Variable 2	0.083819267	0.039339562	2.130660898	0.036486082	0.005415634	0.162222901	0.005415634	0.162222901
X Variable 3	-0.015338969	0.00734621	-2.088011304	0.040285982	-0.029979944	-0.000697994	-0.029979944	-0.000697994
X Variable 4	625.833932	143.7795731	4.352731883	4.30572E-05	339.2816601	912.3862039	339.2816601	912.3862039
X Variable 5	-272.1536047	79.49880956	-3.423367045	0.001017531	-430.5945014	-113.712708	-430.5945014	-113.712708
X Variable 6	444.1971406	81.38923318	5.457689221	6.31215E-07	281.9886352	606.4056461	281.9886352	606.4056461
X Variable 7	-1456.218579	646.5056128	-2.252445378	0.027300925	-2744.702389	-167.7347697	-2744.702389	-167.7347697
X Variable 8	63.22060531	39.70690256	1.592181742	0.115665179	-15.91513625	142.3563469	-15.91513625	142.3563469
X Variable 9	0.051046082	0.007733634	6.600529624	5.68264E-09	0.035632972	0.066459193	0.035632972	0.066459193
X Variable 10	490.3941726	66.24925873	7.402259014	1.85779E-10	358.3595922	622.4287529	358.3595922	622.4287529

数学模型 1 优化为

股票价格指数 = 11 987.130 31 + 0.007 009 717 × 货币供应量 M2(亿元)

　　　　　　+ 0.083 819 267 × 发行总股数(亿股)

　　　　　　- 0.015 338 969 × 国民生产总值 GDP(亿元)

　　　　　　+ 625.833 932 × 利率(%)

　　　　　　- 272.153 604 7 × 存款准备金率(%)

　　　　　　+ 444.197 140 6 × 股票交易印花税税率(‰)

　　　　　　- 1456.218 579 × 汇率

　　　　　　+ 63.220 605 31 × 物价上涨指数 CPI(%)

　　　　　　+ 0.051 046 082 × 债券发行量(亿元)

　　　　　　+ 490.394 172 6 × sin(月序号/4)

拟合优度分析：$R^2 = 0.92$，F 检验，t 检验均通过。计算值与实际值的对比见图 41。

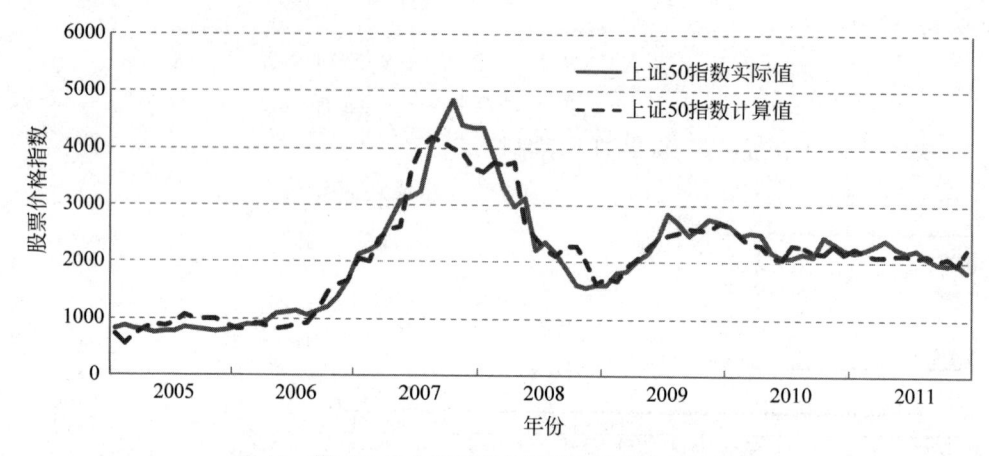

图 41 模型 1 优化后股票价格指数计算值与实际值

3.5 建立股票价格指数的多元计量经济学模型 2

基于以上影响股票价格指数的经济学分析,构建数学模型 2 如下所示:

$$Y=\beta_0 X_1^{\beta_1} e^{(\beta_2 X_2+\beta_4 X_3+\beta_4 X_4+\beta_5 X_5+\beta_6 X_6+\beta_7 X_7+\beta_8 X_8+\beta_9 X_9+\beta_{10}\sin(w/4))}$$

其中,$Y=$ 股票价格指数,$X_1=$ 货币供应量,$X_2=$ 债务发行量,$X_3=$ 发行总股数,$X_4=$ 国内生产总值,$X_5=$ 利率,$X_6=$ 存款准备金率,$X_7=$ 印花税税率,$X_8=$ 汇率,$X_9=$ 物价指数。

两边取对数,将此模型转换线性方程式:

$$\ln Y = \ln\beta_0 + \beta_1 \ln X_1 + \beta_2 X_2 + \beta_3 X_3 + \beta_4 X_4 + \beta_5 X_5 + \beta_5 X_6 \\ + \beta_7 X_7 + \beta_8 X_8 + \beta_9 X_9 + \beta_{10}\sin(w/4)$$

采用 Excel 中的数据分析工具对模型 2 进行回归,得出以下结果:

SUMMARY OUTPUT

回归统计	
Multiple R	0.958050474
R Square	0.91786071
Adjusted R Square	0.906608753
标准误差	298.2945353
观测值	84

方差分析

	df	SS	MS	F	Significance F
回归分析	10	72583731.44	7258373.144	81.57342483	1.65846E-35
残差	73	6495512.976	88979.62981		
总计	83	79079244.41			

第3章 统计探究活动2——影响上证50指数的因素及模型分析

	Coefficients	标准误差	t Stat	P-value	Lower 95%	Upper 95%	下限 95.0%	上限 95.0%
Intercept	-14131.234	30600.37072	-0.46179944	0.645598418	-75117.684	46855.21601	-75117.684	46855.21601
X Variable 1	0.000732236	0.002330226	0.314234025	0.754239594	-0.0039119	0.005376369	-0.0039119	0.005376369
X Variable 2	0.053692835	0.008606459	6.238667612	2.59359E-08	0.036540188	0.070845482	0.036540188	0.070845482
X Variable 3	0.036398766	0.041132343	0.884918366	0.379106172	-0.04557787	0.118375405	-0.04557787	0.118375405
X Variable 4	1726.562737	2264.472106	0.762457057	0.448243943	-2786.5236	6239.649072	-2786.5236	6239.649072
X Variable 5	509.5981068	156.7779078	3.250445895	0.001744335	197.1401916	822.0560221	197.1401916	822.0560221
X Variable 6	-308.233443	79.24585857	-3.88958425	0.00021948	-466.170209	-150.296677	-466.170209	-150.296677
X Variable 7	439.125946	83.98126563	5.228856016	1.56368E-06	271.7515274	606.5003647	271.7515274	606.5003647
X Variable 8	-846.194548	773.7892049	-1.09357244	0.277738058	-2388.35419	695.9650913	-2388.35419	695.9650913
X Variable 9	81.09625913	40.91088826	1.98226591	0.051213923	-0.43902243	162.6315407	-0.43902243	162.6315407
X Variable 10	537.0697203	65.27083477	8.228326207	5.24255E-12	406.9851361	667.1543046	406.9851361	667.1543046

数学模型 2 为

ln 股票价格指数＝－14 131.234
　　　　　　　＋0.000 732 236×货币供应量 M2(亿元)
　　　　　　　＋0.053 692 835×债券发行量(亿元)
　　　　　　　＋0.036 398 766×发行总股数(亿股)
　　　　　　　＋1726.562 737×ln 国民生产总值 GDP(亿元)
　　　　　　　＋509.598 106 8×利率(％)
　　　　　　　－308.233 443×存款准备金率(％)
　　　　　　　＋439.125 946×股票交易印花税税率(‰)
　　　　　　　－846.194 548×汇率
　　　　　　　＋81.096 259 13×物价上涨指数 CPI(％)
　　　　　　　＋537.069 720 3×sin(月序号/4)

拟合优度分析：R^2 为 0.92，F 检验通过，T 检验有多个变量未通过。计算值与实际值的对比见图 42。

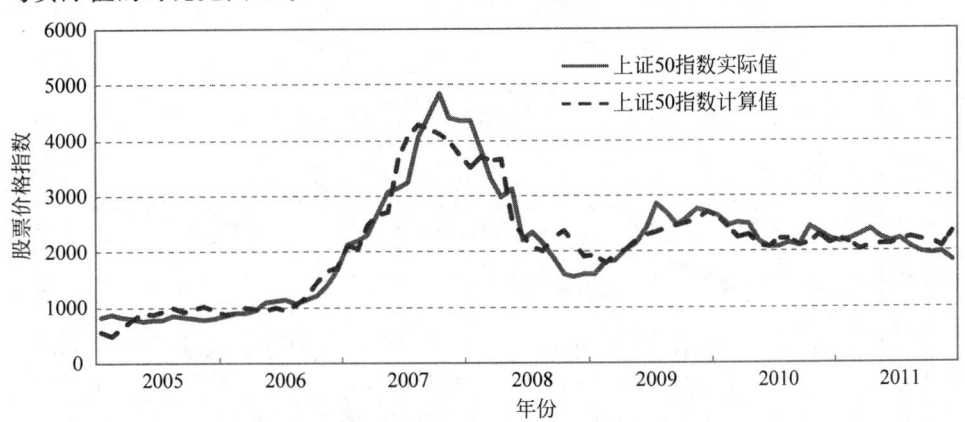

图 42　模型 2 股票价格指数计算值与实际值

将 X_1/X_3 的比值作为变量，模型 2 优化为

$$Y = \beta_0 X_1^{\beta_1} e^{\left(\beta_2 \frac{X_7}{X_8} + \beta_3 X_2 + \beta_4 X_3 + \beta_5 X_4 + \beta_6 X_5 + \beta_7 X_6 + \beta_8 \sin(w/4)\right)}$$

采用 Excel 中的数据分析工具对模型 2 进行回归，得出如下结果：

SUMMARY OUTPUT

回归统计	
Multiple R	0.95778426
R Square	0.917350688
Adjusted R Square	0.907298745
标准误差	297.1905644
观测值	84

方差分析

	df	SS	MS	F	Significance F
回归分析	9	72543399.28	8060377.698	91.26102859	2.10217E-36
残差	74	6535845.134	88322.23154		
总计	83	79079244.41			

	Coefficients	标准误差	t Stat	P-value	Lower 95%	Upper 95%	下限 95.0%	上限 95.0%
Intercept	-29785.0353	13601.84862	-2.189778474	0.031692586	-56887.30988	-2682.760717	-56887.30988	-2682.760717
X Variable 1	2990.308015	737.5419382	4.054424379	0.000122984	1520.723645	4459.892384	1520.723645	4459.892384
X Variable 2	445.2611219	131.9983766	3.373231802	0.001184794	182.248619	708.2736248	182.248619	708.2736248
X Variable 3	-301.9511638	78.64491383	-3.839423926	0.000257925	-458.654573	-145.2477546	-458.654573	-145.2477546
X Variable 4	435.6221109	83.26023708	5.232054654	1.50688E-06	269.7224695	601.5217523	269.7224695	601.5217523
X Variable 5	-701.6663501	706.0253626	-0.993825983	0.323546261	-2108.452573	705.1198729	-2108.452573	705.1198729
X Variable 6	535.8188658	66.37473369	8.072633004	9.44119E-12	403.5643239	668.0734077	403.5643239	668.0734077
X Variable 7	93.09757488	37.95243961	2.453006337	0.016522496	17.47568932	168.7194604	17.47568932	168.7194604
X Variable 8	-4.470854494	7.179765041	-0.622702062	0.535394614	-18.77684841	9.835139424	-18.77684841	9.835139424
X Variable 9	0.049632114	0.007715007	6.433191136	1.09833E-08	0.034259628	0.065004601	0.034259628	0.065004601

拟合优度分析：R^2 为 0.92，F 检验通过，T 检验汇率、货币供应量/总股本未通过。计算值与实际值的对比见图 43。

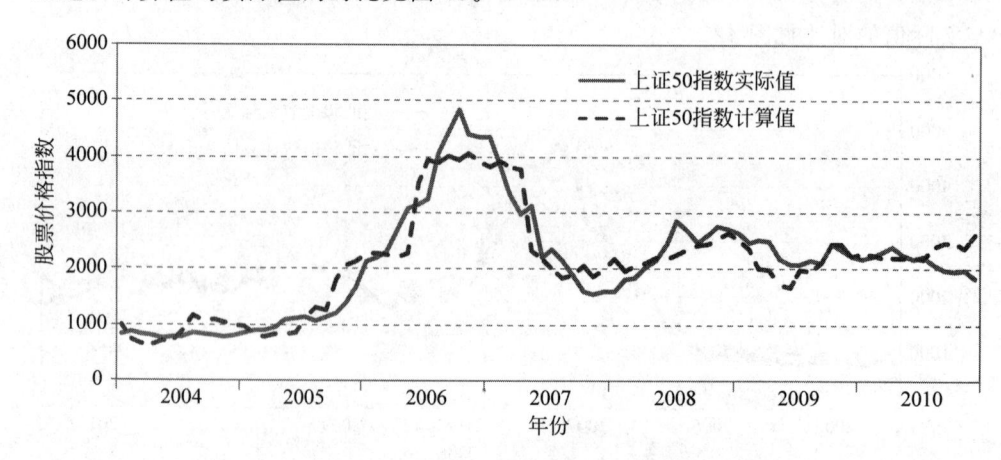

图 43 模型 2 优化后股票价格指数计算值与实际值

3.6 建立股票价格指数的多元计量经济学模型3

基于以上影响股票价格指数的经济学分析,构建数学模型3如下所示:
公式为

$$\ln Y = \ln\beta_0 + \beta_1 \ln X_1 + \beta_2 \ln X_2 + \beta_3 \ln X_3 + \beta_4 \ln X_4 + \beta_5 \ln X_5 + \beta_6 \ln X_6 \\ + \beta_7 \ln X_7 + \beta_8 \ln X_8 + \beta_9 \sin(w/4)$$

其中,$Y=$股票价格指数,$X_1=$国内生产总值,$X_2=$处理后利率,$X_3=$存款准备金率,$X_4=$印花税税率,$X_5=$汇率,$X_6=$物价指数,$X_7=$货币供应量,$X_8=$发行总股数。

采用Excel中的数据分析工具对模型3进行回归,得出如下结果:

SUMMARY OUTPUT

回归统计	
Multiple R	0.935627726
R Square	0.875399241
Adjusted R Square	0.862108494
标准误差	0.186236303
观测值	84

方差分析

	df	SS	MS	F	Significance F
回归分析	8	18.27575922	2.284469902	65.86531231	8.41067E-31
残差	75	2.601297051	0.034683961		
总计	83	20.87705627			

	Coefficients	标准误差	t Stat	P-value	Lower 95%	Upper 95%	下限 95.0%	上限 95.0%
Intercept	21.73007219	13.60753359	1.59691483	0.114489854	-5.377524369	48.83766874	-5.377524369	48.83766874
X Variable 1	1.756597109	0.895821257	1.960879021	0.053606253	-0.027970319	3.541164537	-0.027970319	3.541164537
X Variable 2	1.609642752	0.189140821	8.510287419	1.27357E-12	1.23285492	1.986430584	1.23285492	1.986430584
X Variable 3	-4.031658719	1.555626902	-2.591661738	0.01147427	-7.130626374	-0.932691065	-7.130626374	-0.932691065
X Variable 4	0.197407651	0.188142463	1.049245598	0.297434456	-0.177391349	0.572206651	-0.177391349	0.572206651
X Variable 5	0.069090032	0.576743062	0.119793435	0.9049671	-1.079841046	1.218021111	-1.079841046	1.218021111
X Variable 6	0.488707937	0.081302634	6.010972976	6.19115E-08	0.326744787	0.650671087	0.326744787	0.650671087
X Variable 7	-1.092755807	3.078496976	-0.354964067	0.723612763	-7.225436171	5.039924558	-7.225436171	5.039924558
X Variable 8	0.03725951	0.03215149	1.158873537	0.250184298	-0.02678954	0.101308561	-0.02678954	0.101308561

拟合优度分析:R^2为0.88,F检验通过,T检验准备金、汇率未通过。

优化模型:处理M2的方式转化为X_2/X_3。

$$\ln Y = \beta_0 + \beta_1 \ln X_1 + \beta_2 \ln \frac{X_2}{X_3} + \beta_4 \ln X_4 + \beta_5 \ln X_5 + \beta_6 \ln X_6 \\ + \beta_7 \ln X_7 + \beta_8 \ln X_8 + \beta_9 \sin(w/4)$$

其中,$Y=$股票价格指数,$X_1=$国内生产总值,$X_2=$处理后利率,$X_3=$存款准备金率,$X_4=$印花税税率,$X_5=$汇率,$X_6=$货币供应量,$X_7=$发行总股数。

采用 Excel 中的数据分析工具对优化模型 3 进行回归，得出如下结果：

SUMMARY OUTPUT

回归统计	
Multiple R	0.924889519
R Square	0.855420622
Adjusted R Square	0.842104101
标准误差	0.199287937
观测值	84

方差分析

	df	SS	MS	F	Significance F
回归分析	7	17.85866446	2.55123778	64.2375423	2.48781E-29
残差	76	3.018391806	0.039715682		
总计	83	20.87705627			

	Coefficients	标准误差	t Stat	P-value	Lower 95%	Upper 95%	下限 95.0%	上限 95.0%
Intercept	-11.33077121	10.38991794	-1.090554447	0.278914545	-32.02408587	9.362543445	-32.02408587	9.362543445
X Variable 1	1.204639286	0.400293283	3.009391706	0.003550233	0.407386131	2.001892442	0.407386131	2.001892442
X Variable 2	-0.201554653	0.159300381	-1.265249036	0.2096476	-0.518828854	0.115719547	-0.518828854	0.115719547
X Variable 3	0.255507195	0.614475131	0.415813728	0.678718095	-0.968326073	1.479340463	-0.968326073	1.479340463
X Variable 4	0.501493367	0.086910906	5.770200687	1.62321E-07	0.3283953	0.674591435	0.3283953	0.674591435
X Variable 5	4.016153655	2.892524394	1.388459736	0.169053297	-1.744807863	9.777115172	-1.744807863	9.777115172
X Variable 6	0.073764857	0.0325083	2.269108418	0.026098971	0.009018968	0.138510747	0.009018968	0.138510747
X Variable 7	-1.296043571	0.177763338	-7.29083729	2.47613E-10	-1.650089935	-0.941997206	-1.650089935	-0.941997206

拟合优度分析：R^2 为 0.85，F 检验通过，T 检验准备金率未通过。计算值与实际值的对比见图 44。

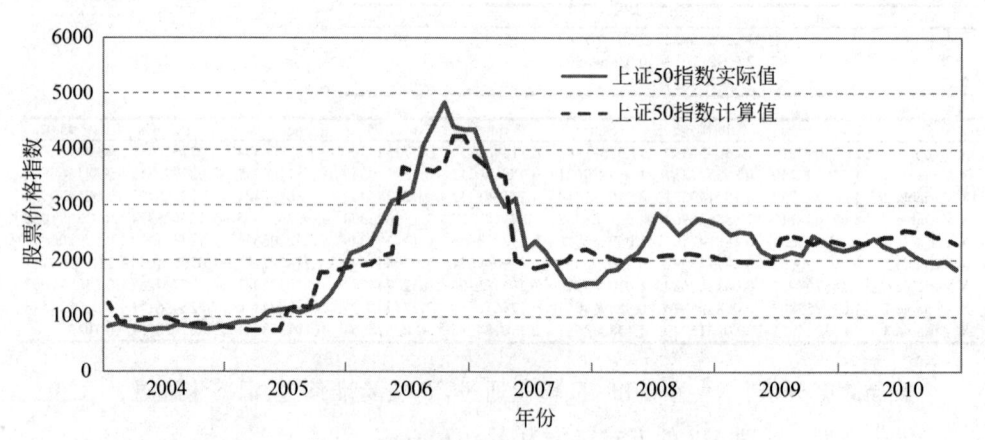

图 44 模型 3 优化后股票价格指数计算值与实际值

3.7 模型评价及改进思路

以上 3 组共 6 个模型均采用因果回归分析方法，将同一时间点上的各变量数据看作横截面数据，建立回归模型。从拟合度 R^2 来看，第一组优化模型和第二组

2 个模型在拟合度上基本相同，但从模型简洁度上比较推荐第一组优化模型。

模型编号	模型基本形式	R^2
一组基本	$Y=\beta_0+\beta_1 X_1+\beta_2 X_2+\beta_3 X_3+\beta_4 X_4+\beta_5 X_5+\beta_6 X_6+\beta_7 X_7+\beta_8 X_8+\beta_9 X_9$	0.86
一组优化	$Y=\beta_0+\beta_1 X_1+\beta_2 X_2+\beta_3 X_3+\beta_4 X_4+\beta_5 X_5+\beta_6 X_6+\beta_7 X_7+\beta_8 X_8+\beta_9 X_9+\beta_{10}\sin(w/4)$	0.92
二组基本	$Y=\beta_0 X_1^{\beta_1} e^{(\beta_2 X_2+\beta_3 X_3+\beta_4 X_4+\beta_5 X_5+\beta_6 X_6+\beta_7 X_7+\beta_8 X_8+\beta_9 X_9+\beta_{10}\sin(w/4))}$	0.92
二组优化	$Y=\beta_0 X_1^{\beta_1} e^{\left(\frac{X_7}{X_8}+\beta_3 X_2+\beta_4 X_3+\beta_5 X_4+\beta_6 X_5+\beta_7 X_6+\beta_8\sin(w/4)\right)}$	0.92
三组基本	$\ln Y=\ln\beta_0+\beta_1\ln X_1+\beta_2\ln X_2+\beta_3\ln X_3+\beta_4\ln X_4+\beta_5\ln X_5+\beta_6\ln X_6+\beta_7\ln X_7+\beta_8\ln X_8+\beta_9\sin(w/4)$	0.88
三组优化	$\ln Y=\beta_0+\beta_1\ln X_1+\beta_2\ln\frac{X_2}{X_3}+\beta_4\ln X_4+\beta_5\ln X_5+\beta_6\ln X_6+\beta_7\ln X_7+\beta_8\ln X_8+\beta_9\sin(w/4)$	0.86

模型在如下方面仍有改进余地：

（1）变量筛选。应通过加强经济学理论学习，深入研究股票价格变动的机理，挖掘其他影响股价变动的因素。

（2）复杂的时间序列模型及格兰杰因果检验的使用（本文在分析变量时直接引用了其他论文格兰杰因果检验的结论）。股票价格变动既有相关变量以前变化的滞后影响，也有对未来预期的提前反应，都应加入时间序列模型。

（3）变量之间的关联分析。由于经济学变量之间的关系错综复杂，还有人为因素的调控，需要在深入研究之后，进一步筛选变量，得到更准确的公式。

（4）计量经济学的几个检验方式的组合。由于本公式必要的变量较多，F 检验和 T 检验不能同时全部满足情况。从某种程度上限制了公式的检验。

（5）更复杂的检验方式：比如区间预测、点预测。鉴于数据和数学工具的限制，未能利用矩阵等检验模型。

第4章

统计探究活动3——太阳黑子活动与地区干旱灾害的相关研究探讨

4.1 问题提出

地理课上谈到了太阳对地球的影响,教材指出太阳是地球上几乎所有能源的重要来源,也是决定人类生态环境的根本因素。太阳输出能量的长期变化和日冕上的突发事件,影响着地球气候的长期变化和天气的短期变化。1801年英国天文学家威廉·赫歇尔在一篇短文中写道:"当太阳黑子较少时,地面上雨量也少,粮食价格随之上涨。"1844年德国业余天文学家施瓦布发现太阳黑子的变化以10年或11年为一个周期。同一时期萨宾发现地磁要素的变化以11年左右为一个周期。关于太阳活动对天气变化的影响已经有许多科学家进行了研究,有的以太阳黑子相对数为天文参数,统计分析了它们与降雨量之间的关系[1,2,3],有的分析了太阳质子耀斑与降雨指数之间的关系[4]。研究表明,地区降雨量与天文因素确实存在着明确的相关性。但是,对于旱灾与天文因素的关系研究,却很少开展。通常情况下,旱灾与地区降雨量有着直接的关系。但是在目前人们大量开展水利建设、改善地区水源条件等情况下,是否干旱灾害还有与天文因素的直接相关性呢?

4.2 问题数据分析

4.2.1 太阳黑子与干旱灾害

太阳黑子是在太阳的光球层上发生的一种太阳活动,是太阳活动中最基本、最

第4章 统计探究活动3——太阳黑子活动与地区干旱灾害的相关研究探讨

明显的活动现象。一般认为,太阳黑子是太阳表面一种炽热气体的巨大漩涡,温度大约为4500摄氏度。因为比太阳的光球层表面温度要低,所以看上去像一些深暗色的斑点。太阳黑子很少单独活动,常常成群出现。

研究表明,太阳黑子是太阳上的强磁场区域,磁场能量是太阳活动的源泉[5]。太阳活动能量的释放是通过磁场能量转换的。

世界上最早的太阳黑子的记录见于公元前140年前后成书的《淮南子》。《汉书·五行志》中对公元前28年出现的黑子记载则更为详尽。

1844年代德国的一位业余天文学家发现了太阳黑子10～11年的周期变化规律。通过长期的观测,人们还发现太阳黑子在日冕上的活动随时间变化的纬度分布也有规律性。

本书关于太阳黑子的观测数据来源于美国国家天文台,具体为从1749年到2008年的太阳黑子数目资料。图1为使用Excel对太阳黑子260年以来的活动数据进行作图,从图中可以看出,太阳黑子的活动大致具有11年的周期,并且在相当长的时间内都比较稳定。

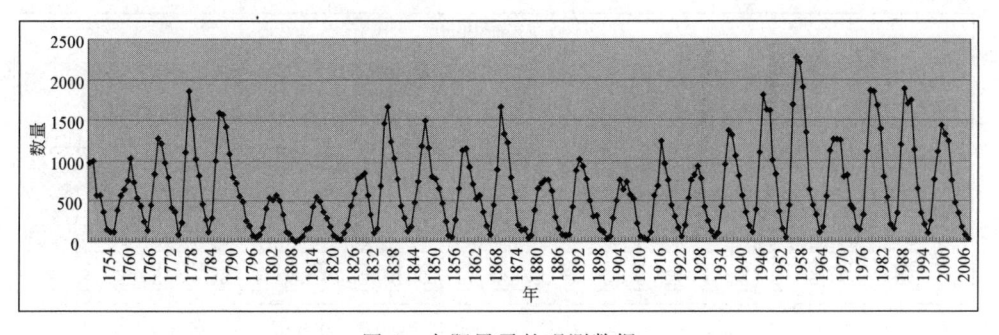

图1 太阳黑子的观测数据

干旱是指水分的收与支或供与求不平衡而形成的水分短缺现象。我国地处东亚,季风气候明显,逐年之间季风的不稳定性造成了我国干旱的频繁发生,使干旱成为对我国农业生产影响最严重的气象灾害。据1949—1999年的统计,平均每年受旱面积约2159.3万公顷,约占各种气象灾害面积的60%,因旱灾每年损失粮食100亿公斤。其中,1959—1961年三年连旱,受旱面积达10 980万公顷,减产粮食611.5亿公斤。

尽管存在很多不同的干旱定义,各种干旱中,气象干旱则是最普遍和最基本的,它的直接影响和造成的灾害常常通过农业和水文及社会经济反映出来。而从某种意义上说,大气降水是水资源的主要来源,它直接影响着地表径流、地下水、土壤水分的短缺程度及作物、人类社会等对水分需求的满足程度。因此下面涉及的有关干旱发生及变化规律等都是用气象干旱指标来进行讨论的。

气象干旱是由降水和蒸发的收支不平衡造成的异常水分短缺现象。由于降水是主要的收入项,因此通常以降水的短缺程度作为干旱指标。如连续无雨日数、降水量低于某一数值的日数、降水量的异常偏少,以及各种天气参数的组合等,表1是我国认定的干旱标准。

表1 我国干旱标准(月降水量距平均百分率)

旱　　期	一般干旱	重旱(大旱)
连续三个月以上	$-25\%\sim-50\%$	-50%以上
连续二个月	$-50\%\sim-80\%$	-80%以上
一个月	-80%以上	

有关干旱的数据来源于国家气象局气象信息中心,图2是用Excel对1949—1999年51年间的中国农田受灾面积和年份关系进行的作图分析。

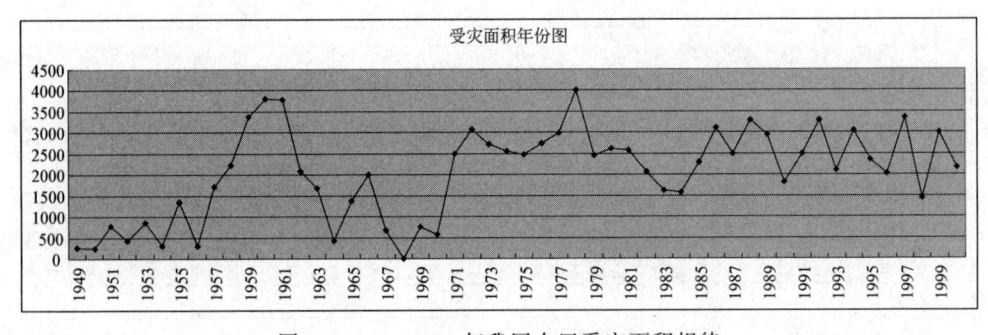

图2　1949—1999年我国农田受灾面积规律

从图2可以看出,干旱造成的受灾面积是起伏变化的。既然干旱主要是由气象造成的,我们很容易地联想到,既然太阳黑子活动会导致地球气象的变化,那么太阳黑子活动也应该影响到气象干旱造成的农田受灾。

4.2.2　太阳黑子和气象干旱的相关性分析

直接数据相关是研究对应变量相关性的最直接的方法,两个现象之间的相关程度,一般划分为四级:若两者呈正相关,则r呈正值,而$r=1$时为完全正相关;若两者呈负相关,则r呈负值,而$r=-1$时为完全负相关。完全正相关或负相关时,所有图点都在直线回归线上,点的分布在直线回归线上下越离散,r的绝对值

越小。相关系数的绝对值越接近 1，相关越密切；越接近于 0，相关越不密切。当 $r=0$ 时，说明 X 和 Y 两个变量之间无直线关系。通常 $|r|>0.75$ 时，认为两个变量有很强的线性相关性。

对 1949—1999 年这 51 年的数据用 Excel 进行相关性分析。图三是 1949—1999 年太阳黑子数与干旱受灾面积的散点图。

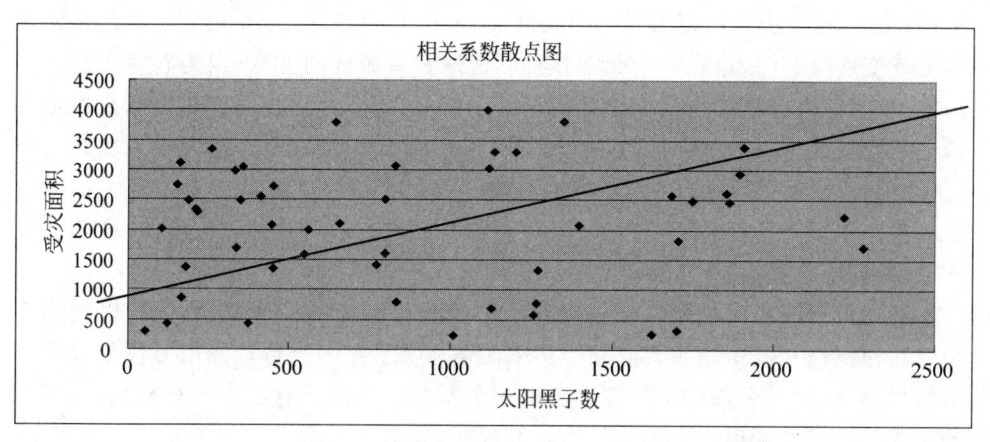

图 3　1949—1999 年太阳黑子数与中国干旱受灾面积散点图

通过相关分析计算，得到太阳黑子数与干旱受灾面积的相关系数为 0.054 688。通过查相关系数临界值表，得到相关置信度为 27.3%。

因此从相关系数来看，黑子活动性和受灾面积直接相关性比较小，直接相关的置信度差。考虑到太阳黑子活动和气象干旱都有周期性特征，考虑用傅里叶变换研究它们的相关性。

4.3　建立数学模型

傅里叶变换能将满足一定条件的某个函数表示成三角函数（正弦或余弦函数）或者它们的积分的线性组合。在不同的研究领域，傅里叶变换具有多种不同的变体形式，如连续傅里叶变换（CFT）和离散傅里叶变换（DFT）。

对离散傅里叶变换，我们可以写成

$$x[i]=\sum_{k=0}^{N/2}\mathrm{Re}\overline{X}[k]\cos(2\pi ki/N)+\sum_{k=0}^{N/2}\mathrm{Im}\overline{X}[k]\sin(2\pi ki/N)$$

这个等式跟傅里叶级数是非常相似的，

$$f(x) = \frac{a_0}{2} + \sum_{k=1}^{\infty}(a_k \cos kx + b_k \sin kx)$$

有三种完全不同的方法进行 DFT：第一种方法是通过联立方程进行求解，从代数的角度看，要从 N 个已知值求 N 个未知值，需要 N 个联立方程，且 N 个联立方程必须是线性独立的，但这是这种方法计算量非常的大且极其复杂，所以很少被采用；第二种方法是利用信号的相关性（correlation）进行计算；第三种方法是快速傅里叶变换（FFT），这是一个非常具有创造性和革命性的方法，因为它大大提高了运算速度，使得傅里叶变换能够在计算机中被广泛应用，这种算法是根据复数形式的傅里叶变换来实现的。经过实践证明，当频域长度为 32 时，利用相关性方法进行计算效率最好，否则 FFT 算法效率更高。

关于傅里叶变换，最直观也是最好理解的描述方法就是第二种方法，即相关性方法，我们简述如下：

利用信号的相关性可以从噪声背景中检测出已知的信号，我们也可以利用这个方法检测信号波中是否含有某个频率的信号波：把一个待检测信号波乘以另一个信号波，得到一个新的信号波。再把这个新的信号波所有的点进行相加，从相加的结果就可以判断出这两个信号的相似程度，如图 4 所示。

图 4 中（a）和（b）两个图是待检测信号波，（a）很明显可以看出是个 3 个周期的正弦信号波，（b）的信号波则看不出是否含有正弦或余弦信号。图 4 中（c）和（d）都是个 3 个周期的正弦信号波，（e）和（f）分别是（a），（b）两图跟（c），（d）两图相乘后的结果。（e）所有点的平均值是 0.5，说明信号（a）含有振幅为 1 的正弦信号（c）。但（f）所有点的平均值是 0，则说明信号（b）不含有信号（d）。这个就是通过信号相关性来检测是否含有某个信号的方法。

相应地，可以通过把输入信号和每一种频率的正余弦信号进行相乘（关联操作），从而得到原始信号与每种频率的关联程度（即总和大小），这个结果便是我们所要的傅里叶变换结果，下面两个等式便是我们所要的计算方法：

$$\text{Re}X[k] = \sum_{i=0}^{N-1} x[i]\cos(2\pi ki/N)$$

$$\text{Im}X[k] = -\sum_{i=0}^{N-1} x[i]\sin(2\pi ki/N)$$

需要强调的是，两个函数相乘，如果结果中的每个点的总和为 0，则可认为这两个函数为正交函数。要确保关联性算法是正确的，则必须使得跟原始信号相乘的信号的函数形式是正交的，我们知道所有的正弦或余弦函数是正交的，所以我们可以通过关联的方法把原始信号分离出正余弦信号，也即实现了时域到频域的变

第4章 统计探究活动3——太阳黑子活动与地区干旱灾害的相关研究探讨

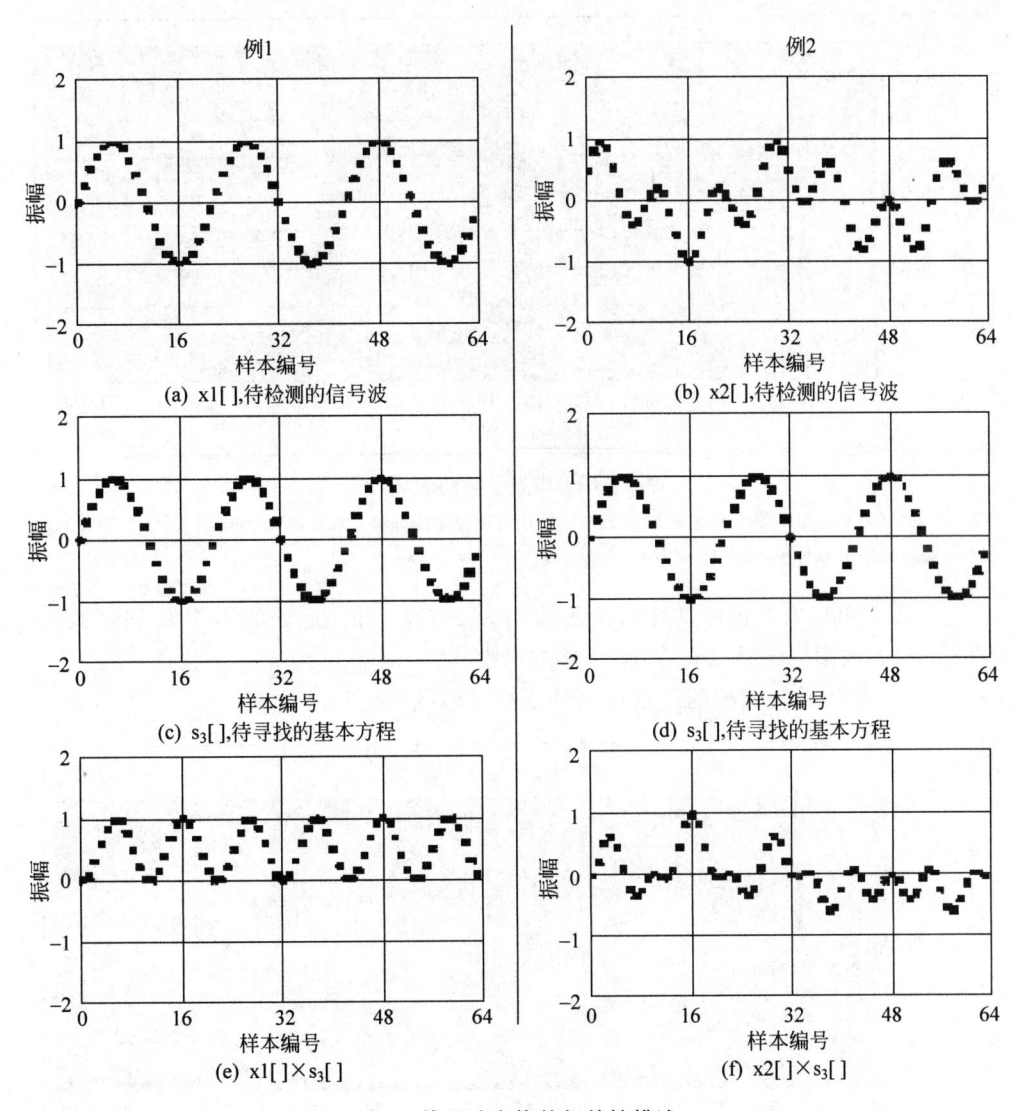

例1 例2

(a) x1[ ],待检测的信号波
(b) x2[ ],待检测的信号波
(c) s₃[ ],待寻找的基本方程
(d) s₃[ ],待寻找的基本方程
(e) x1[ ]×s₃[ ]
(f) x2[ ]×s₃[ ]

图 4 傅里叶变换的相关性描述

换。任何与时间有关的联立分离数据,我们都可以通过以上方法得到其频谱分布,即周期性度量。

根据上述计算方法,把太阳黑子的年份代入表达式的 i,黑字数代入 $x^{[i]}$。样本为从 1749—2003 年的 256 个数据,即 $N=256$。通过 Excel 进行计算,得到频域图,见图 5。

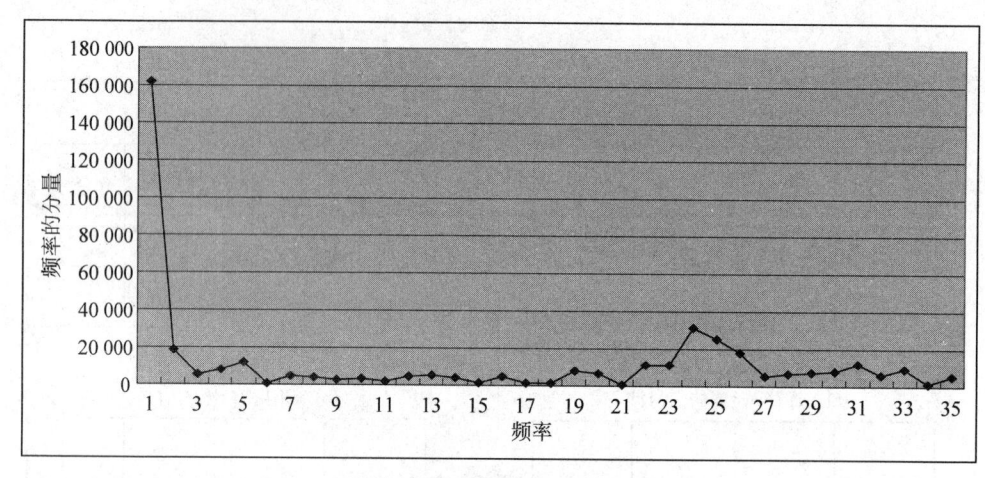

图 5 年太阳黑子数的频域图

注：X 轴代表频率，图中数值的含义为 $x/256$，Y 轴代表该频率的分量。取样率为 $256/2+1=129$ 个频率，但由于 35 以后分量过小，没有画入图中。

从图 5 可以看出图像的峰值位于频率为 $24/256$ 处。此处的周期为 $256/24=10.7$ 年，即太阳黑子活动存在 10.7 年的周期。

同理，作出受灾面积的离散傅里叶变换频域图，见图 6。

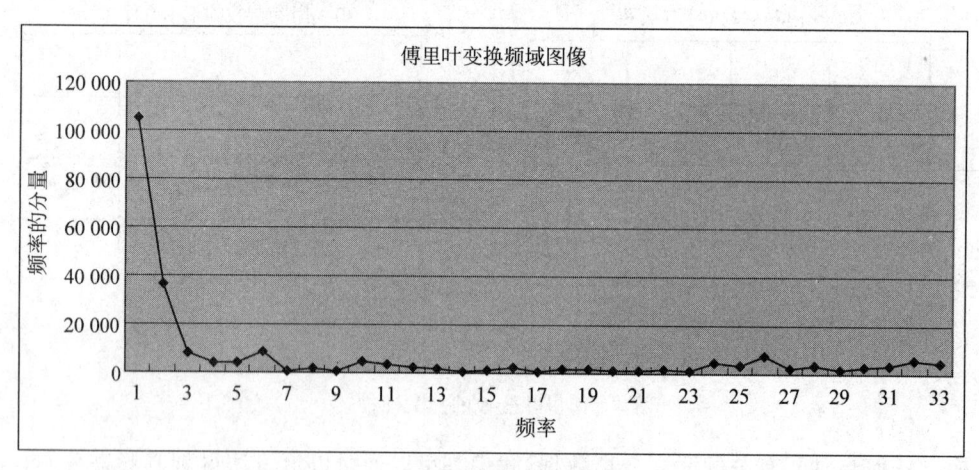

图 6 中国干旱受灾面积频域图

图 6 的源数据为 1949—1999 年 51 年间的中国农田受灾面积，由于计算需要对数据进行补零处理，使源数据达到 64 个。此图中频率为 6 处存在一个峰值，周期为 $64/6=10.7$ 年，与黑子数据完全吻合。

4.4 结论与讨论

通过对太阳黑子年总数与中国干旱受灾面积的相关分析,得到直接数据相关性弱,置信度为 27.3%。但是傅里叶分析所得到的太阳黑子与受灾面积主要周期完全吻合,主要周期都是 10.7 年。表明太阳黑子的活动与地区干旱程度具有明确的相关性,太阳黑子的活动的确对干旱程度产生重大影响。

对于产生影响的原因,以及上述两者间周期的更详细的分析,希望能在今后考虑其他影响干旱因素的研究中利用多种数学方法完成。

参考文献

[1] 陈菊英.天文气象学术讨论会文集[M].北京:气象出版社,1986.
[2] 尤晓敏.太阳黑子活动与松辽流域汛期降雨及洪水关系分析[J].东北水利水电,1993(4):8.
[3] 赵娟,韩延本.太阳活动,El Nino 对北京地区降雨的影响及预测[J].地球物理学进展,1999,14(001):123-106.
[4] 周树荣,徐群.太阳质子耀斑与降雨指数 R 间的关系[J].自然灾害学报,1992(3):92-100.

第5章

太阳时钟——计算时间的方法

5.1 问题提出

8月份军训的时候不让带手机和手表,临近中午,太阳当头,很想知道离军训结束还有多长时间,什么时候可以吃午餐和休息。除了个人经验之外,唯一可以参考的就是自己在太阳底下的影子的长度,影子和时间到底有什么关系呢?古代人类就是用日晷来进行计时的,但日晷主要是用太阳影子的方向来计时,时间上误差比较大。对于个人来说,无法用影子方向来推断时间,是否可以用影子长度来推断,并且做到比较精确呢?

5.2 问题数据分析和探究

带着上述想法,用所学的物理知识,成功推出一个计算公式:

$$t = t_0 \pm \frac{\arccos\left\{\dfrac{\sqrt{s^2+h^2-n^2s^2}}{\cos\left[\alpha - \arcsin\left(\sin 23°26'21'' \cos\dfrac{2\pi x}{365}\right)\right] \cdot \sqrt{s^2+h^2}}\right\}}{\omega}$$

其中,t 为要推断的时间,t_0 为当地当天时间正午(一般认为是 12:00,但实际不是),ω 为地球自转角速度,x 为与当年夏至相差的天数,α 为当地纬度(北京:40°N),h 为物体高度,s 为影子长度,n 为地表空气折射率(一般采用大气折射率,1.00029)。

代入几个实测数据后,发现误差非常大,于是开始了近一年半时间实测影子长和时间关系，每天从早上到傍晚记录 4 个数据，共获得 780 组数据（阴天和雨天无法测量），因为数表数据大，无法在这里呈现。

实际测量中的问题：①测量地面不绝对水平；②每天空气清洁度不同，使得空气折射率不同；③实际物体影子末端较模糊，无清晰界线，早晚最明显；④理论上北京正午为北京时间 12:16，但查日历得每天的正午都不是固定时间，基本位于 12:00—12:30；⑤测量存在误差。

实测问题解决方法如下。

(1)"测量地面不绝对水平"的对策：往地上洒水，根据水的流动方向和速度判断地面是否足够水平。

选择的测量地点：

(a) 家中阳台（在家时选择这里），见图 1。

(b) 学校喷泉中心（让影子沿同心圆圆周切线方向，两侧切线各测量一次），见图 2。

图 1

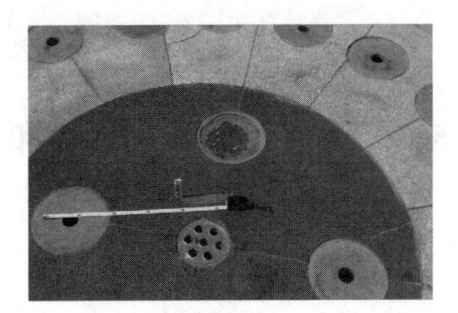

图 2

(c) 高中教学楼内有阳光照射的地方（在学校下午和晚上选择这里），见图 3。

(d) 高中教学楼旁个别乒乓球台上（在学校上午和中午选择这里），见图 4。

图 3

图 4

(2)"每天地表空气折射率不同"暂无解决办法。

(3)"实际物体影子末端较模糊,无清晰界线,早晚最明显"的对策:大气散射、阳光不为平行光,以及周围其他光干扰等影响因素会造成影子末端较模糊,因此取影子清晰部分的最远端测量。

(4)"理论上北京正午为北京时间 12:16,但查日历得每天的正午都不是固定时间,基本位于 12:00—12:30"的对策:一天的定义不是地球自转一圈的时间,而是同一经线两次正对太阳之间的时间差。由于地球在自转的同时还在公转,所以一天的时间比地球自转一周的时间稍长。因为地球公转轨道是椭圆,而且每天公转线速度不同,所以每一天的时间长度都在变化。又由于人们定义每一天都为 24 小时,所以这种变化的积累会造成每天的正午时间有所变化。这种变化每年在平衡位置(即当地时间正午,不是北京时间)左右波动两次,两次的极差不同,振幅最大可达十几分钟。所以运用公式求时间时,正午时间 t_0 需要代入所在位置的正午时间。

(5)"测量存在误差"的对策:多次测量取平均。

5.3 时间计算公式推导和优化

模型一 如图 5 所示,太阳光从右侧照向地球。地球上某纬度的 C 地为当地时间正午(正对太阳),地球自转角度 θ 后 C 地转到 C' 地。

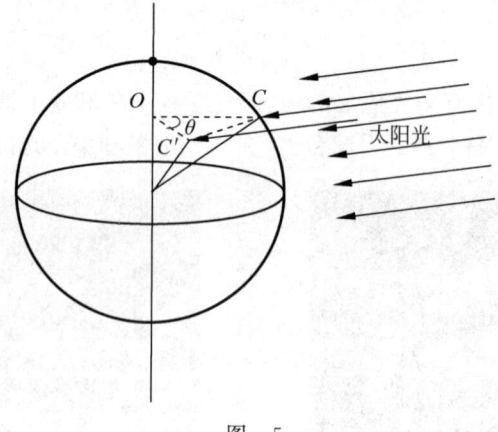

图 5

对实际模型的化简,参见图 6。

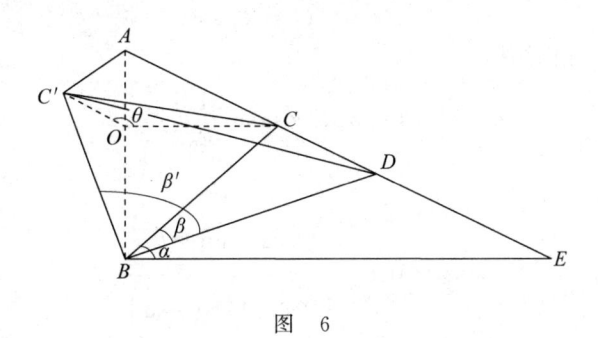

图 6

点 B 为地心,AB 为自转轴。过点 B 的太阳光所在直线交 AC 于点 D。过点 B 作 $BE \perp AB$,点 E 在直线 ACD 上。作 $CO \perp AB$,垂足为 O 在 AB 上。连接 $C'C$,$C'O$,$C'D$。显然,$C'O \perp AB$,点 A, B, C, D, E, O 共面。

设 $\angle C'OC = \theta$,$\angle C'BD = \beta'$,$\angle CBD = \beta$,$\angle CBE = \alpha$。α 为点 C 纬度,θ 为地球自转的角度。

计算:

设 $BC' = BA = BC = R$。

简单计算可得

$$\angle ABC = \angle ABC' = 90° - \alpha$$

$$\angle BAC = \angle BCA = 45° + \frac{1}{2}\alpha$$

$$\angle BDC = 45° - \beta + \frac{1}{2}\alpha$$

在 △ABC,△ABC' 中解得

$$AC = AC' = 2R\cos\left(45° + \frac{1}{2}\alpha\right)$$

在 △BCD 中解三角形得

$$CD = \frac{\sin\beta}{\sin\left(45° - \beta + \frac{1}{2}\alpha\right)}R$$

$$BD = \frac{\sin\left(45° + \frac{1}{2}\alpha\right)}{\sin\left(45° - \beta + \frac{1}{2}\alpha\right)}R$$

在 $\triangle BOC$，$\triangle BOC'$ 中有
$$CO = C'O = R\cos\alpha$$
在 $\triangle COC'$ 中解三角形得
$$CC' = 2R\cos\alpha \sin\frac{1}{2}\theta$$
在 $\triangle ACC'$ 中有
$$\cos\angle ACC' = \frac{\cos\alpha \sin\frac{1}{2}\theta}{2\cos\left(45° + \frac{1}{2}\alpha\right)}$$
所以
$$\cos\angle C'CD = -\cos\angle ACC' = -\frac{\cos\alpha \sin\frac{1}{2}\theta}{2\cos\left(45° + \frac{1}{2}\alpha\right)}$$
在 $\triangle BDC'$，$\triangle CC'D$ 由余弦定理得
$$C'B^2 + BD^2 - 2\cos\angle C'BD \cdot BD \cdot C'B = C'D^2$$
$$C'C^2 + CD^2 - 2\cos\angle C'CD \cdot CD \cdot C'C = C'D^2$$
因此，
$$R^2 + \left[\frac{\sin\left(45° + \frac{1}{2}\alpha\right)}{\sin\left(45° - \beta + \frac{1}{2}\alpha\right)}R\right]^2 - 2\cos\beta' \frac{\sin\left(45° + \frac{1}{2}\alpha\right)}{\sin\left(45° - \beta + \frac{1}{2}\alpha\right)}R^2$$
$$= \left[\frac{\sin\beta}{\sin\left(45° - \beta + \frac{1}{2}\alpha\right)}R\right]^2 + \left(2R\cos\alpha \sin\frac{1}{2}\theta\right)^2$$
$$+ 2R^2 \frac{\cos\alpha \sin\frac{1}{2}\theta}{\cos\left(45° + \frac{1}{2}\alpha\right)} \frac{\sin\beta}{\sin\left(45° - \beta + \frac{1}{2}\alpha\right)} \cos\alpha \sin\frac{1}{2}\theta$$

对上式等号两侧除以 R^2，再乘 $2\sin^2\left(45° - \beta + \frac{1}{2}\alpha\right)$，化简整理可得
$$\cos\theta = 1 - \frac{2 + \sin(\alpha - 2\beta) + \sin\alpha - 2\sin^2\beta - 2\cos\beta'[\cos\beta + \sin(\alpha - \beta)]}{2\cos^2\alpha\left[1 + \sin(\alpha - 2\beta) + \frac{\cos(\alpha - \beta)\sin\beta - \sin^2\beta}{1 - \sin\alpha}\right]}$$

因为地球自转 θ 所需的时间为 $\dfrac{\theta}{\omega}$,所以,

$$t = t_0 \pm \dfrac{\arccos\left\{1 - \dfrac{2 + \sin(\alpha - 2\beta) + \sin\alpha - 2\sin^2\beta - 2\cos\beta'[\cos\beta + \sin(\alpha - \beta)]}{2\cos^2\alpha\left[1 + \sin(\alpha - 2\beta) + \dfrac{\cos(\alpha - \beta)\sin\beta - \sin^2\beta}{1 - \sin\alpha}\right]}\right\}}{\omega}$$

模型二 模型二是为了计算模型一中的 β(即正午太阳高度角的余角)。图 7 中地球从距离夏至 x 天到夏至所经过的角度为 γ。

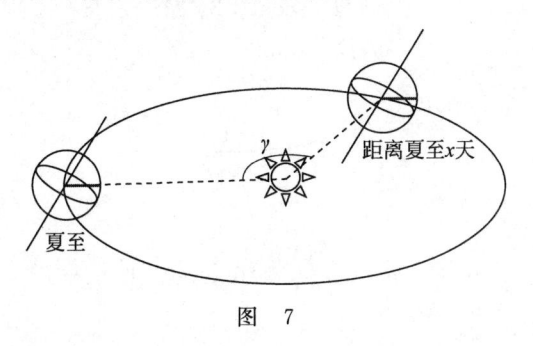

图 7

对模型二的化简,参见图 8。

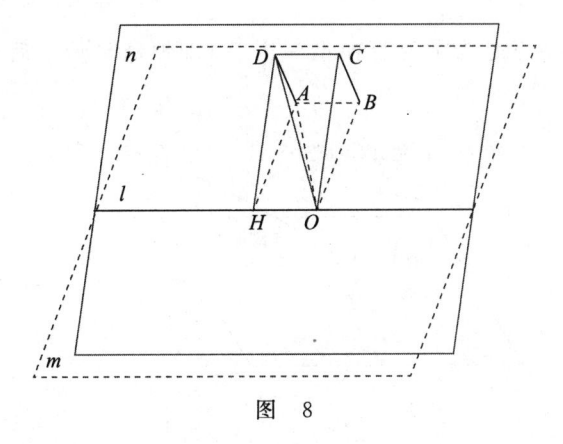

图 8

平面 m 为赤道面,平面 n 为黄道面,交线为 l,O 为地心。实线为黄道面及其上的线,虚线为赤道面及其上的线。OC,OD 在平面 n 上。OC 为夏至时正午太阳光,OD 为距离夏至 x 天时正午太阳光。取 C,D 使得 $CD\parallel l$。作 $CB\perp m$,垂足为 B。作 $DA\perp n$,垂足为 A。作 $DH\perp l$,垂足为 H。连 OB,OA,AB,AH。显然,

$BO \perp l$，四边形 $ABCD$，$HOCD$，$HOBA$ 为矩形，$AH \perp l$，$\triangle OBC \cong \triangle HAD$。

$$\angle COB = \angle DHA = 23°26'21''（黄赤交角）$$
$$\angle DOA = \alpha - \beta（模型一中的 \alpha, \beta）$$
$$\angle DOC = \angle HDO = \gamma = \frac{2\pi x}{365}$$

计算：

不妨设 $OC = DH = 1$

在 $\triangle HAD$ 中有
$$AH = \cos 23°26'21''$$
$$AD = \sin 23°26'21''$$

在 $\triangle HOD$ 中有
$$DO = \frac{1}{\cos \gamma}$$

在 $\triangle OAD$ 中有
$$\sin(\alpha - \beta) = \frac{AD}{DO} = \sin 23°26'21'' \cdot \cos \gamma$$

则有
$$\beta = \alpha - \arcsin\left(\sin 23°26'21'' \cos \frac{2\pi x}{365}\right)$$

模型三 模型三是为了计算模型一中 β'（即地球自转 θ 后太阳高度角的余角），参见图 9。

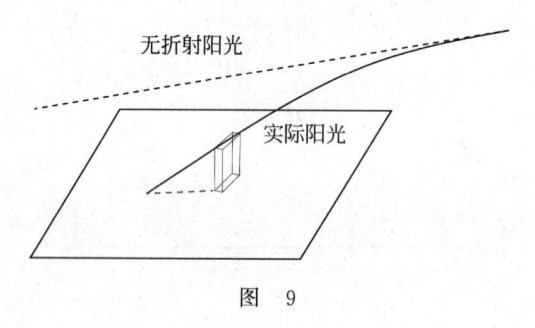

图 9

对模型三的化简，参见图 10。

如图 10 所示，AB 为物体，BC 为实际影子，AC 为实际阳光，AD 和长虚线为无折射阳光。OA 为实际阳光，即上凸曲线。将大气层如图 10 沿水平方向无限细分，每层的折射率为 $n_0, n_1, \cdots, n_k$，入射角和折射角如图所示，为 $\theta_0, \theta_1, \cdots, \theta_k$。

第5章　太阳时钟——计算时间的方法

图 10

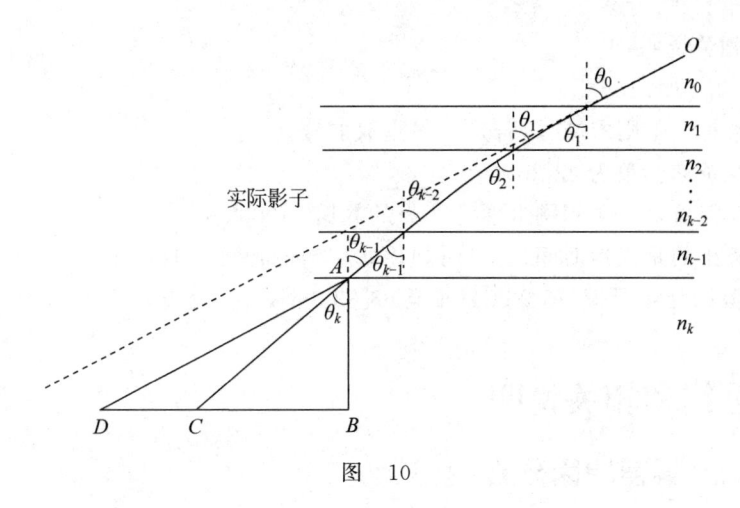

（默认大气层均匀分层）。

$$AB \perp BD, \theta_0 = \beta', n_0 = 1, n_k = n = 1.00029$$

计算：

由折射定律：

$$n_k \sin\theta_k = n_{k-1} \sin\theta_{k-1} = n_{k-2} \sin\theta_{k-2} = \cdots = n_0 \sin\theta_0$$

可得

$$\sin\beta' = n\sin\theta_k = n\frac{BC}{AC} = n\frac{s}{\sqrt{h^2 + s^2}}$$

故

$$\cos\beta' = \frac{\sqrt{h^2 + s^2 - n^2 s^2}}{\sqrt{h^2 + s^2}}$$

综合上述三个模型，理论公式为：

$$t = t_0 \pm \frac{\arccos\left\{1 - \dfrac{2 + \sin(\alpha - 2\beta) + \sin\alpha - 2\sin^2\beta - 2\cos\beta'[\cos\beta + \sin(\alpha - \beta)]}{2\cos^2\alpha \left[1 + \sin(\alpha - 2\beta) + \dfrac{\cos(\alpha - \beta)\sin\beta - \sin^2\beta}{1 - \sin\alpha}\right]}\right\}}{\omega}$$

其中，$\beta = \alpha - \arcsin\left(\sin 23°26'21'' \cos\dfrac{2\pi x}{365}\right)$

$$\cos\beta' = \frac{\sqrt{h^2 + s^2 - n^2 s^2}}{\sqrt{h^2 + s^2}}$$

公式相关说明：

(1) ω 单位取 rad/h；

(2) 若是上午则取减号，若是下午则取加号；

(3) 取黄赤交角为 $23°26'21''$；

(4) 大气折射率采用网上通常认为的数据 1.000 29；

(5) 算出的是当地时间（北京时间比北京当地时间早 16min）。

适用范围为北温带（$23°26'21''$N 至 $66°33'39''$N）。

5.4 总结和相关说明

5.4.1 误差原因分析

(1) 测量地面不绝对水平。

对"测量地面不绝对水平"造成的误差的计算：

如图 11 所示，AB 为物体，BC 为水平面上的影子，BD 为实际影子。

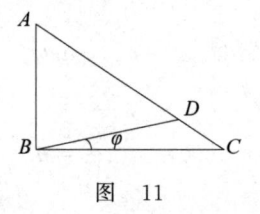

图 11

我们有 $AB \perp BC$，$AB=h$，$BC=s$，$BD=s'$，$\angle DBC=\varphi$。

不妨设 $\varphi > 0$，

$$\sin\angle BDC = \sin\angle BDA = \sin\angle BCA \cos\varphi + \sin\varphi\cos\angle BCA$$

在 $\triangle BDC$ 中由正弦定理得

$$\frac{s}{\sin\angle BDC} = \frac{s'}{\sin\angle BCA}$$

$$\frac{s}{\sin\angle BCA \cos\varphi + \sin\varphi\cos\angle BCA} = \frac{s'}{\sin\angle BCA}$$

所以

$$s' = \frac{s}{\cos\varphi + \sin\varphi\cot\angle BCA} = \frac{hs}{h\cos\varphi + s\sin\varphi}$$

$$s = \frac{s'h\cos\varphi}{h - s'\sin\varphi}$$

$\varphi < 0$ 时也有同样结论。

用实际测量的 s' 算出 s 代入原公式,算出时间。

实际中用洒水的方法可将 φ(地面与水平面夹角)控制在 $1.5°$ 内,即 $-1.5° \leqslant \varphi \leqslant 1.5°$。代入公式得大部分误差在 5min 内,早晚的误差较大,可能达到 10min。不过虽然地面与水平面夹角可达 $1.5°$,但在影子的方向上一般取不到。所以一般误差比上述值小。

(2) 无法明确确定影子末端。

通常中午的影子模糊部分为不到 0.5mm,早晚可超过 1cm。但 1cm 对早晚数据的影响大约为 1min,较小;0.5mm 对中午数据的影响最大可达 8min,一般对数据的影响为 3~6min。

(3) 每天地表空气折射率不同。

无法准确衡量其影响。改变数据表中"地表空气折射率"一项,影响不大。

(4) 测量时读数存在误差。

对影子长的读数误差可控制在 0.5mm 内,对时间的读数误差可控制在 20s 内。对时间的读数误差可忽略。对影子长的读数误差在早晚可忽略,在中午一般有 3~6min 影响。

(5) 测量存在误差。

理论推导时用的理想状态:默认宇宙中为真空;默认地球公转轨道为圆,且公转匀速;默认阳光为平行光;默认地球为球体,且地面为平面;默认大气层均匀分层;默认一年 365 天,一天 24 小时;默认其他天体对地球没有影响。无法确切衡量其影响。

综上所述,中午的误差主要来自"对影子长的读数误差"[(2)(4)];早晚的误差主要来自"测量地不绝对水平"[(1)]。

5.4.2 对数据表中理论与实际差值的解释

(1) 由于 3 月开学后变动测量地点,之前的测量地点误差较大。所以在数据表中 3 月之前误差比 3 月之后大。

(2) 绝大部分误差在 10min 内。部分中午数据的误差较大,甚至无法计算出结果(计算 arccos 时出错)。我认为是中午的测量容错率较小,测量相差 1mm 就会造成 5min 以上的误差。早晚的测量容错率较大,影子每分钟变化会超过 1cm。通过变动数据值,调整影子长 1~2mm 就可以使中午数据的误差降至 10min 内且无计算出错。

5.4.3 对错误公式的分析

原错误公式为

$$t = t_0 \pm \frac{\arccos\left\{\dfrac{\sqrt{s^2+h^2-n^2 s^2}}{\cos\left[\alpha - \arcsin\left(\sin 23°26'21'' \cos\dfrac{2\pi x}{365}\right)\right] \cdot \sqrt{s^2+h^2}}\right\}}{\omega}$$

其中,t 为要推断的时间,t_0 为当地当天时间正午(一般认为是 12:00,但实际不是),ω 为地球自转角速度,x 为与当年夏至相差的天数,α 为当地纬度(北京:40°N),h 为物体高度,s 为影子长度,n 为地表空气折射率(一般采用大气折射率,1.000 29)。

从数据表中可以看到,整体的数据误差呈季节性变化:靠近春分早晚误差小,中午误差大;靠近冬至、夏至早晚误差大,中午误差小,且冬至误差为负,夏至误差为正。春分整体误差小(大部分在 25min 内),冬至、夏至整体误差大(大部分在 50min 内)。这说明误差整体上分布与季节有关。这令我们不得不怀疑公式的正确性,或许是推导有误,或是有什么季节性因素没考虑。通过重新推导,发现的确原推导有误,且新的正确公式误差与季节无明显关系(理论上地球公转轨道是椭圆而不是圆会有影响,但不明影响大小),说明不是季节性因素造成的问题。但原错误公式可以较好地与数据拟合,这还没有很好的解释。

第6章

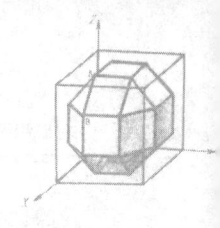

地图投影变换在世界地图量算中的应用

6.1 问题提出

翻开地理课本上的世界地图,如果仔细观察,你会发现地图上澳大利亚的面积要小于格陵兰岛的面积。而事实上澳大利亚的面积 768 万 km^2 要远大于格陵兰岛的面积 216 万 km^2。为什么会这样呢?生活中我们常见的平面地图都使用了墨卡托投影方法。通过墨卡托投影得到的地图,每一点各方向的长度比均相等,经、纬线都是平行直线,且经纬线之间相交成直角。但纬线间隔从赤道向两极逐渐增大,所以纬度越高,形变越大。这就是为什么地图上会出现澳大利亚的面积要小于格陵兰岛的面积的假象。有没有一种更合理的投影方式使得制作出的地图反馈的地理信息更准确?

6.2 投影的数学原理

在介绍投影应用的公式之前,需要解释正解公式和反解公式的概念。正解公式是将地理坐标(经纬度)转化为数学平面坐标(如平面直角坐标系坐标)的公式。反解公式则相反,它是将数学平面坐标(如平面直角坐标系坐标)转化为地理坐标(经纬度)的公式。

6.2.1 高斯-克吕格投影

高斯-克吕格投影又称"等角横切圆柱投影"。假想用一个椭圆柱横切于地球椭球体的某一经线上,这条与椭圆柱面相切的经线,称为中央子午线。以中央子午线为投影的对称轴,将东西各 3° 或 1°30′ 的两条子午线所夹经差 6° 或 3° 的带状地区按数学法则、投影法则投影到圆柱面上,再展开成平面,这种方法叫作高斯-克吕格投影,见图 1。

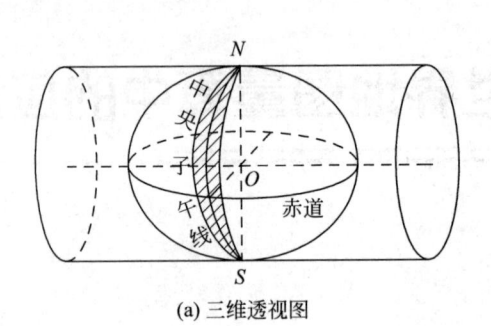

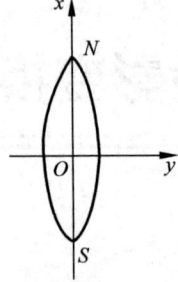

(a) 三维透视图　　　　　(b) 透视图阴影部分的平面投影

图 1　高斯-克吕格投影示意图

公式:

(1) 高斯-克吕格投影正解公式

$$X_N = k_0 \left\{ M + N\tan B \left[\frac{A^2}{2} + (5 - T + 9C + 4C^2)\frac{A^4}{24} \right] \right.$$

$$\left. + (61 - 58T + T^2 + 270C - 330TC)\frac{A^6}{720} \right\}$$

$$Y_E = F_E + k_0 N \left[A + (1 - T + C)\frac{A^3}{6} + (5 - 18T + T^2 + 14C - 58TC)\frac{A^5}{120} \right]$$

$$T = \tan^2 B$$

$$C = e'^2 \cos^2 B$$

$$A = (L - L_0)\cos B$$

$$M = a\left[\left(1 - \frac{e^2}{4} - \frac{3e^4}{64} - \frac{5e^6}{256}\right)B - \left(\frac{3e^2}{8} + \frac{3e^4}{32} + \frac{45e^6}{1024}\right)\sin 2B \right.$$

$$\left. + \left(\frac{15e^4}{256} + \frac{45e^6}{1024}\right)\sin 4B - \frac{35e^6}{3072}\sin 6B \right]$$

$$N = \frac{a}{\sqrt{1 - e^2\sin^2 B}} = \frac{(a^2/b)}{\sqrt{1 + e'^2\cos^2 B}}$$

（2）高斯-克吕格投影反解公式

$$B = B_f - \frac{N_f \tan B_f}{R_f}\left[\frac{D^2}{2} - (5 + 3T_f + C_f - 9T_f C_f)\frac{D^4}{24}\right.$$
$$\left. + (61 + 90T_f + 45T_f^2)\frac{D^6}{720}\right]$$

$$L = L_0 + \frac{1}{\cos B_f}\left[D - (I + 2T_f + C_f)\frac{D^3}{6}\right.$$
$$\left. + (5 + 28T_f + 6C_f + 8T_f C_f + 24T_f^2)\frac{D^5}{120}\right]$$

$$N_f = \frac{(a^2/b)}{\sqrt{1 + e'^2 \cos^2 B_f}} = \frac{a}{\sqrt{1 - e^2 \sin^2 B_f}}$$

$$R_f = \frac{a(1 - e^2)}{(1 - e^2 \sin^2 B_f)^{3/2}}$$

$$B_f = \varphi + (3e_1/2 - 27e_1^3/32)\sin 2\varphi + (21e_1^2/16 - 55e_1^4/32)\sin 4\varphi$$
$$+ (151e_1^3/96)\sin 6\varphi$$

$$e_1 = \frac{1 - b/a}{1 + b/a}$$

$$\varphi = \frac{M_f}{a(1 - e^2/4 - 3e^4/64 - 5e^6/256)}$$

$$M_f = (X_N - F_N)/k_0$$

$$T_f = \tan^2 B_f$$

$$C_f = e'^2 \cos^2 B_f$$

$$D = \frac{Y_E - F_E}{k_0 N_f}$$

其中，a 为椭球体长半轴长，取 6 378 137m，b 为椭球体短半轴长，取 6 356 752.314 2m（a，b 均按 WGS 84 中规定取值），L，B 为计算点的经纬度坐标（L 为经度，B 为纬度），Y_E，X_N 为计算点的平面坐标，L_0 为中央子午线经度，k_0 为比例因子，在高斯-克吕格投影中取 1，e 为第一偏心率，e' 为第二偏心率，N 为卯酉圈曲率半径，I 为计算点大地经度与中央子午线经度之差，B_f 为底点纬度，又称垂足纬度，N_f 为对应 B_f 的卯酉圈曲率半径，M_f 为对应 B_f 的子午圈曲率半径，F_E 为东伪偏移量，F_N 为北伪偏移量。

1. 高斯-克吕格投影的特性

设想一个椭圆柱横套在地球椭球外面,并与某一条经线相切(此条经线称为中央子午线),椭圆柱中心轴通过椭球中心。投影后,以中央子午线为 x 轴,以赤道为 y 轴。

通过此种方法获得的投影没有角度变化。为了限制长度变化和形变,通常采用 3°或 6°分带的方法,即在中央子午线两侧取 1°30′或 3°的范围进行投影。6°分带以外的范围内,高斯-克吕格投影的长度变化和形变,将随着距中央子午线距离的增长而增长,而且形变的增长率也是非常高的。

2. 高斯-克吕格投影无法实现无缝拼接的原因

高斯-克吕格投影有"距中央子午线距离越远,形变越大"的特性,为了控制误差,我们只能采用 3°和 6°分带的方法来控制变形。可以说,在 3°和 6°范围内长度、面积和角度形变极小是高斯-克吕格最大的优势。但正是因为这样,高斯-克吕格投影才不能实现无缝拼接:即便是地球上相同的一点,在不同中央子午线(即不同中央经线分带)的高斯-克吕格投影中转化后的平面坐标也是不同的,原因在于不同中央子午线的高斯-克吕格投影坐标系不统一,而坐标系不统一自然也就无法把两张高斯-克吕格投影的地图拼接或整合为一张地图,这便是高斯-克吕格投影的缺陷。

6.2.2　web 墨卡托投影

墨卡托投影,又称"等角正切圆柱投影"。假想一个与地轴方向一致的圆柱切于或割于地球,按等角条件,将经纬网投影到圆柱面上,将圆柱面展为平面后,即得本投影。墨卡托投影可以保证投影对象的形状不变形,并且使得经线和纬线都为平行直线且经纬线之间互相垂直。web 墨卡托投影与常规墨卡托投影的主要区别就是把地球模拟为球体而非椭球体,它是 Google Maps 和 Virtual Earth 等网络地理信息服务所使用的地图投影。有计算简单便捷的优点。

公式

(1) web 墨卡托投影正解公式

$$E = F_E + R(\lambda - \lambda_o)$$

$$N = F_N + R\ln[\tan(\pi/4 + \varphi/2)]$$

(2) web 墨卡托投影反解公式

$$D = -(N - F_N)/R = (F_N - N)/R$$

$$\varphi = \pi/2 - 2\operatorname{atan}(e^D)$$

$$\lambda = [(E - F_E)/R] + \lambda_o$$

其中，φ，λ 为计算点的经纬度坐标（λ 为经度，φ 为纬度），E，N 为计算点的平面坐标（实际上就代表 X 与 Y），λ_o 为标准纬线纬度，e 为自然对数基底，R 为球体半径，取 6 378 137m（即长半轴长），atan 为反正切函数。

1. web 墨卡托投影的特性

web 墨卡托投影可以认为是常规墨卡托投影的一种简化版本。它较之常规墨卡托投影有着计算更加简便快速的优点，然而也有着因此带来的形变增大的缺点。

web 墨卡托投影的长度变化和形变都会随着标准纬线向两级逐渐加大，并且在两极地区形变与长度变化会趋近于无穷大，因此在两极地区一般会采用其他投影，在此不再赘述。墨卡托投影本身是一种等角投影，然而 web 墨卡托投影却因为把地球简化为球体而产生了角度变化。

2. web 墨卡托投影可以实现无缝拼接的原因

web 墨卡托投影并不需要像高斯-克吕格投影一样分带，无论是否加入两极形变巨大的部分。只要是同一条标准纬线，web 墨卡托投影就一定是在同一坐标系下进行的。而在同一坐标系下进行的投影，无论是删减、拼接或整合都是可以完美实现的。

6.3 两种变换的过程

6.3.1 在世界地图中应用投影变换的原因

为什么要在世界地图中使用投影变换？从前文的介绍不难发现，web 墨卡托投影较为适合制作世界地图，但是却苦恼于高纬度变形的问题，本书认为投影变换在这其中非常适用，原因有以下两点。

（1）高斯-克吕格投影具有等角特性，以及小范围内面积和长度变化小的特性。如果将 web 墨卡托投影变换为高斯-克吕格投影进行量算，势必可以大大提升其准确性。

（2）我国 1∶500 000 及更大比例尺地图均采用高斯-克吕格投影，如此充足的数据如果转化为 web 墨卡托投影以实现无缝拼接，势必可以让这些数据得到充分的利用。

6.3.2 地图投影变换在世界地图量算中的应用

1. 地图投影变换在面积量算中的应用

实验环境：ArcMap9.0

实验方法：

在 ArcMap9.0 中构建三块经纬网，范围分别为(0°~4°N,120°~126°E)，(30°~34°N,120°~126°E)，(60°~64°N,120°~126°E)，其中每小格均代表 0.1°×0.1°。

由资料得知，高斯-克吕格投影在中央子午线左右各 0.05°范围内的经纬网格的平面可认为与地球球面完全相同。

因此，以 120.05°，120.15°，120.25°，…，125.95°分别为中央子午线，计算出该中央子午线所在经纬网格中每小格的面积，将此面积视为该区域在地球表面的实际面积。

然后，使用以 123°为中央子午线、6°分带的高斯-克吕格投影计算出经纬网格中每小格的面积，此面积视为高斯-克吕格投影地图上所表示的该区域的面积。

同理，使用以赤道为标准纬线的 web 墨卡托投影计算出经纬网格中每小格的面积，将此面积视为 web 墨卡托投影地图上所表示的该区域面积。

实验结果：

误差均为相对误差，误差单位均为%。

web 墨卡托投影低纬度面积误差分布(0°~4°N)：

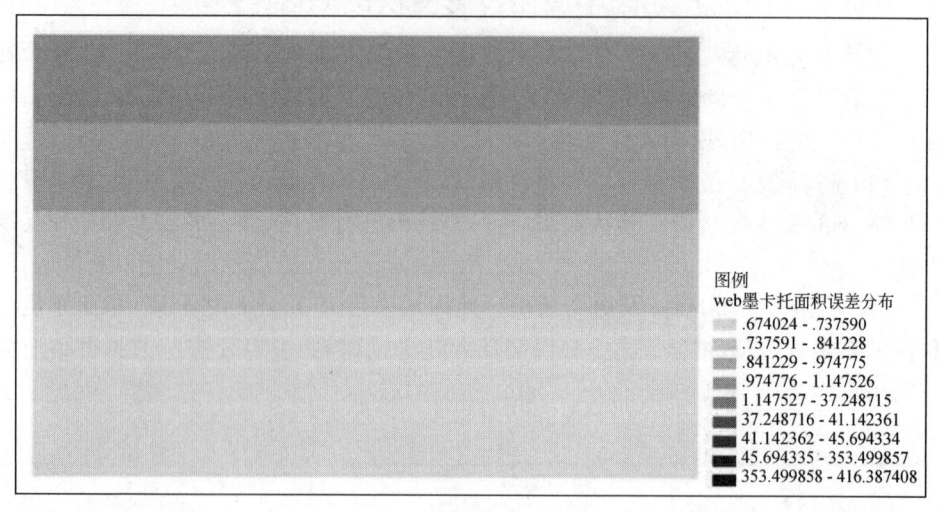

图例
web墨卡托面积误差分布
.674024 - .737590
.737591 - .841228
.841229 - .974775
.974776 - 1.147526
1.147527 - 37.248715
37.248716 - 41.142361
41.142362 - 45.694334
45.694335 - 353.499857
353.499858 - 416.387408

第6章 地图投影变换在世界地图量算中的应用

web 墨卡托投影中纬度面积误差分布(30°～34°N)：

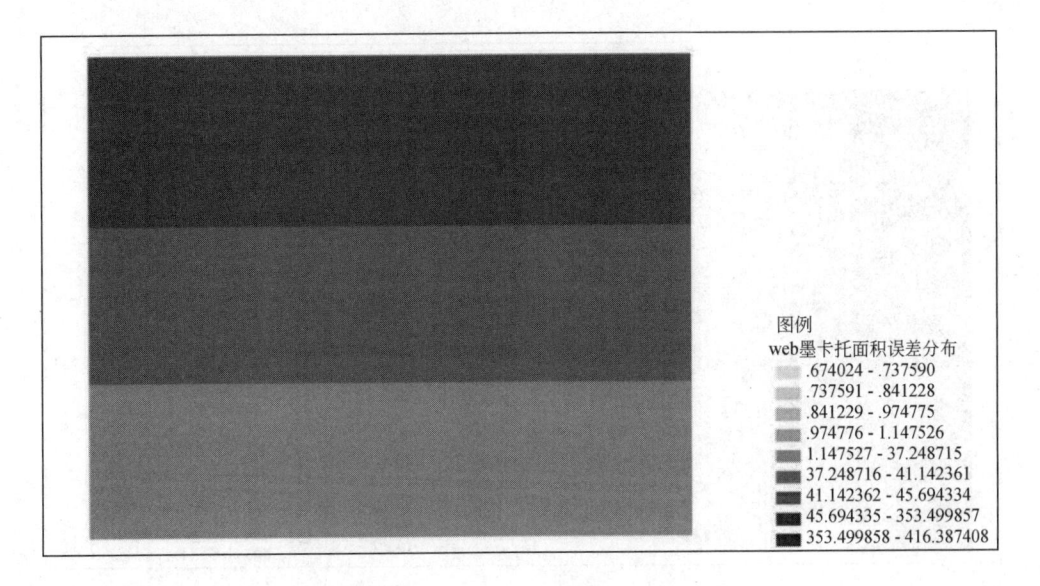

图例
web墨卡托面积误差分布
.674024 - .737590
.737591 - .841228
.841229 - .974775
.974776 - 1.147526
1.147527 - 37.248715
37.248716 - 41.142361
41.142362 - 45.694334
45.694335 - 353.499857
353.499858 - 416.387408

web 墨卡托投影高纬度面积误差分布(60°～64°N)：

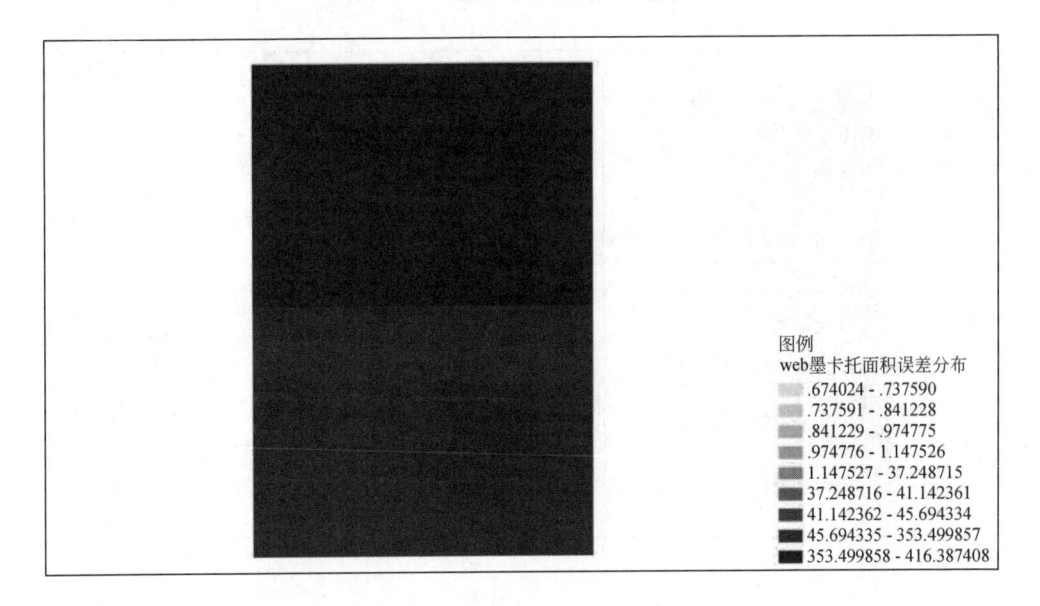

图例
web墨卡托面积误差分布
.674024 - .737590
.737591 - .841228
.841229 - .974775
.974776 - 1.147526
1.147527 - 37.248715
37.248716 - 41.142361
41.142362 - 45.694334
45.694335 - 353.499857
353.499858 - 416.387408

高斯-克吕格投影低纬度面积误差分布（0°～4°N）：

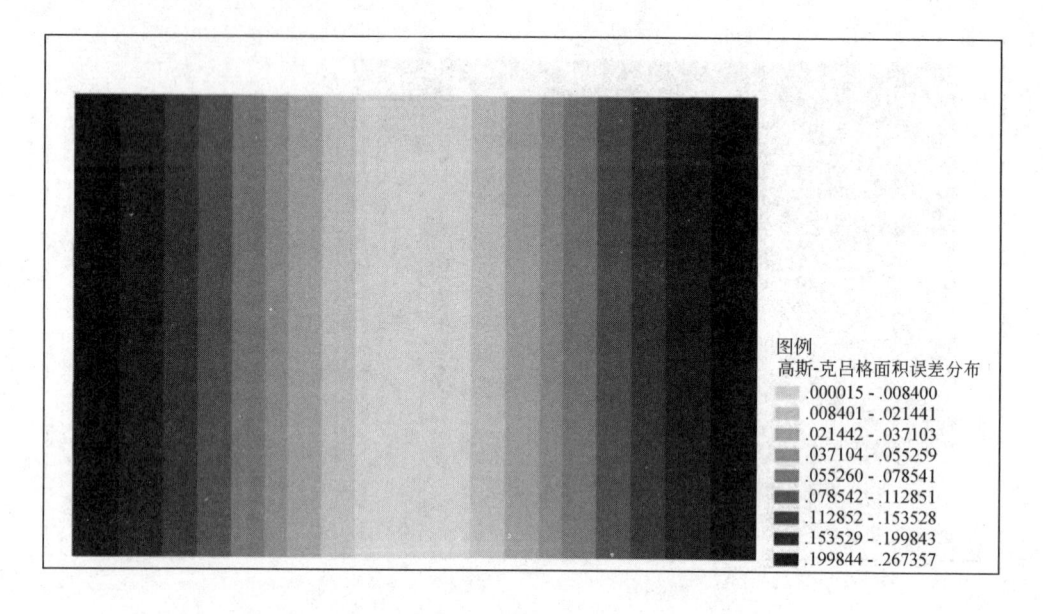

图例
高斯-克吕格面积误差分布
.000015 - .008400
.008401 - .021441
.021442 - .037103
.037104 - .055259
.055260 - .078541
.078542 - .112851
.112852 - .153528
.153529 - .199843
.199844 - .267357

高斯-克吕格投影中纬度面积误差分布（30°～34°N）：

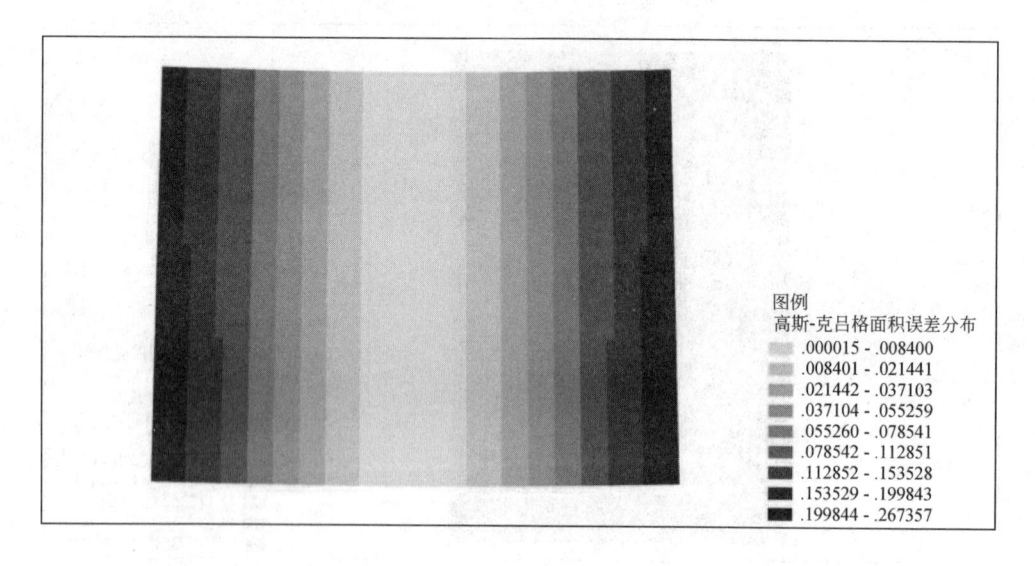

图例
高斯-克吕格面积误差分布
.000015 - .008400
.008401 - .021441
.021442 - .037103
.037104 - .055259
.055260 - .078541
.078542 - .112851
.112852 - .153528
.153529 - .199843
.199844 - .267357

第6章 地图投影变换在世界地图量算中的应用

高斯-克吕格投影高纬度面积误差分布(60°～64°N)：

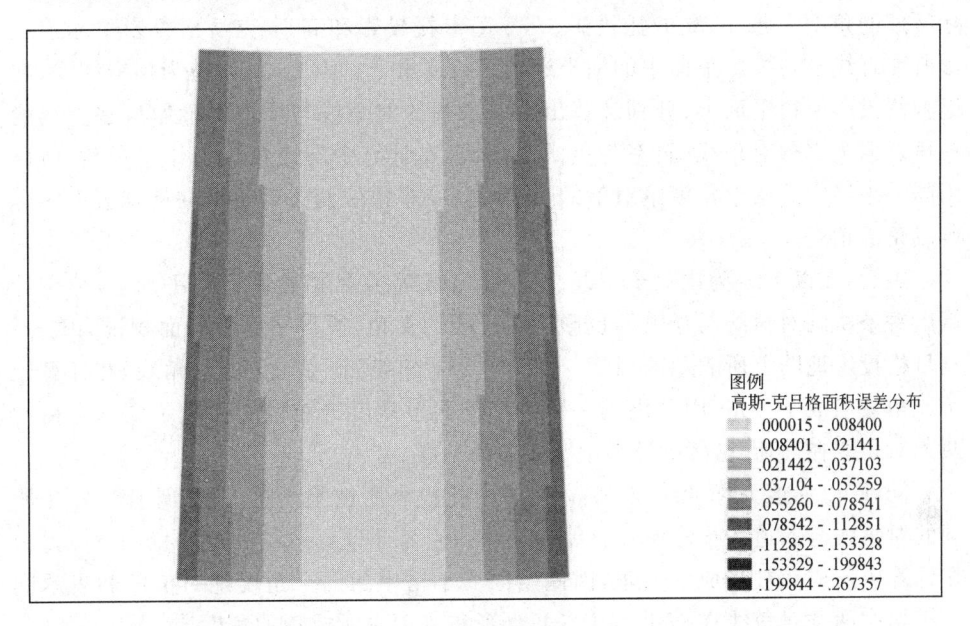

图例
高斯-克吕格面积误差分布
.000015 - .008400
.008401 - .021441
.021442 - .037103
.037104 - .055259
.055260 - .078541
.078542 - .112851
.112852 - .153528
.153529 - .199843
.199844 - .267357

实验小结：

显而易见，无论是在低、中、高(0°,30°,60°N)三个纬度带中的哪一个，高斯-克吕格投影减小误差的作用都非常明显。尤其是在高纬地区，高斯-克吕格投影的优势更加明显，因为在这一地区 web 墨卡托投影的相对误差甚至达 300% 以上，而高斯-克吕格投影依然非常有效地限制了误差。

在应用方面，生成世界地图时，若量算的面积跨经度范围在 6°以内，便可以直接转化为 6°分带或更小度数分带的高斯-克吕格投影进行面积量算；若量算的面积跨经度范围在 6°以上，则可将其划分为适量的多个跨经度范围在 6°以下的区域，再分别在这些区域中使用地图投影变换，将 web 墨卡托投影变换至高斯-克吕格投影中进行面积量算后累加得到所求区域的面积。

2. 地图投影变换在角度量算中的应用

实验环境： ArcMap9.0

实验方法：

在 ArcMap9.0 中构建三块经纬网，范围分别为(0°～4°N,120°～126°E)，(30°～34°N,120°～126°E)，(60°～64°N,120°～126°E)，其中每小格均代表 $0.1°\times 0.1°$，并在每个经纬网格的小格中画出该小格的两条对角线。

由资料得知，常规的墨卡托投影为非常标准的等角圆柱投影，可以认为在使常规的墨卡托投影所得的地图上量算得到两条线所成的角度即为地球上那两条线实际所成的角度。此外，墨卡托投影、web 墨卡托投影和高斯-克吕格投影中赤道投影所在直线必与投影平面中的横坐标轴平行或重合。因此，以赤道为标准纬线，在墨卡托投影所得平面上，分别计算出每一条画的对角线与赤道的投影所在直线的夹角。因为部分对角线（斜率为负的对角线）在计算中所成角被当作了负角，所以用同一小格中的两个角度绝对值的和表示同一小格中两条对角线在地球表面实际所成角的角度。

然后，在以 123°为中央子午线、6°分带的高斯-克吕格投影所得平面上，分别计算出每条所画对角线与赤道的投影所在直线的夹角，所得平面中的面积视为高斯-克吕格投影地图上所表示的面积。因为部分对角线（斜率为负的对角线）在计算中所成角被当成了负角，因此用同一小格中的两个角度绝对值的和表示同一小格中两条对角线在高斯-克吕格投影中所成角的角度。

同理，以赤道为标准纬线，在 web 墨卡托投影所得平面上，分别计算出每条所画的对角线与赤道的投影所在直线的夹角。因为部分对角线（斜率为负的对角线）在计算中所成角被当成了负角，因此用同一小格中的两个角度绝对值的和表示同一小格中两条对角线在 web 墨卡托投影所得平面中所成角的角度。

实验结果：

图像中每个着色的区域都代表那个区域内两条对角线所成角角度的相对误差，不同的颜色代表相对误差值所在范围不同。误差单位均为％。

web 墨卡托投影低纬度角度误差分布(0°～4°N)：

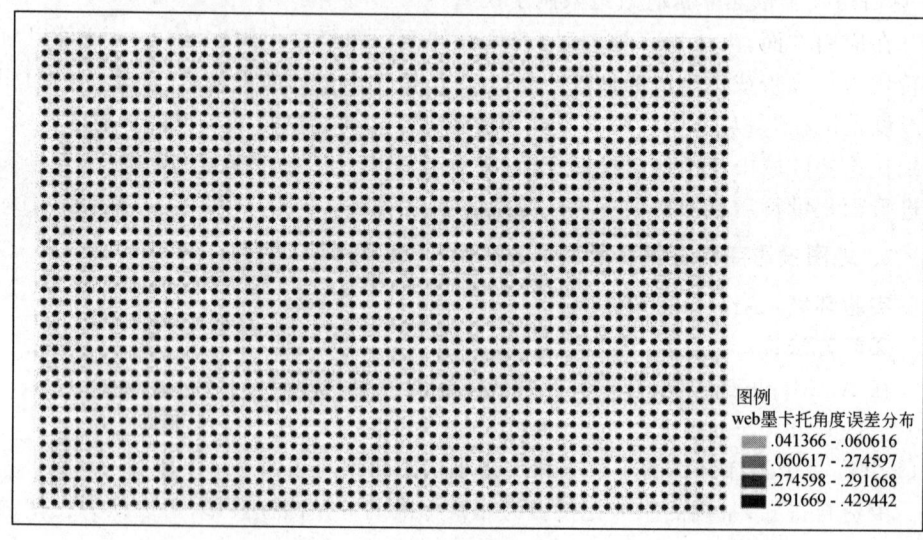

图例
web墨卡托角度误差分布
.041366 - .060616
.060617 - .274597
.274598 - .291668
.291669 - .429442

第6章 地图投影变换在世界地图量算中的应用

web 墨卡托投影中纬度角度误差分布(30°~34°N)：

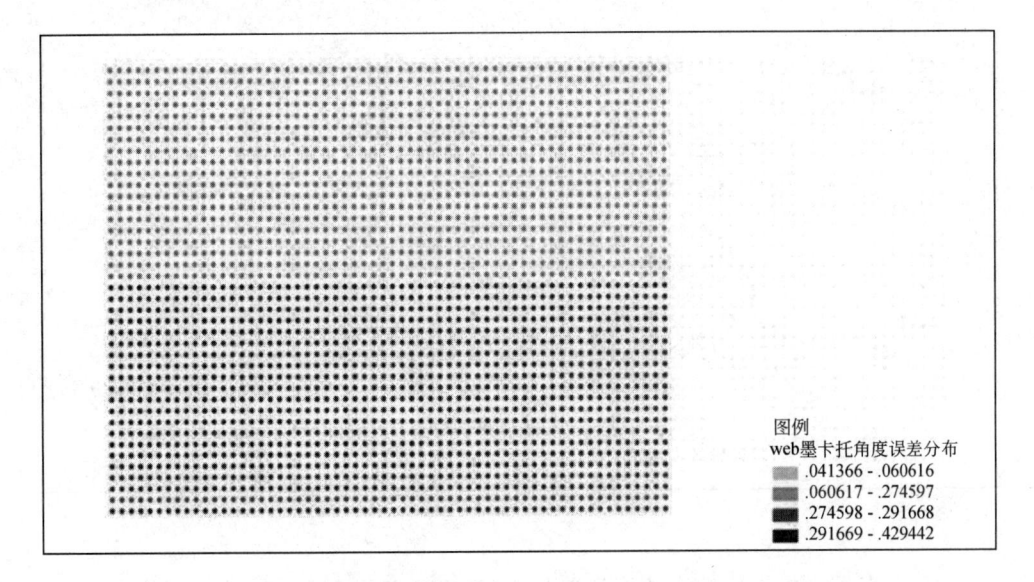

图例
web墨卡托角度误差分布
▨ .041366 - .060616
▨ .060617 - .274597
■ .274598 - .291668
■ .291669 - .429442

web 墨卡托投影高纬度角度误差分布(60°~64°N)：

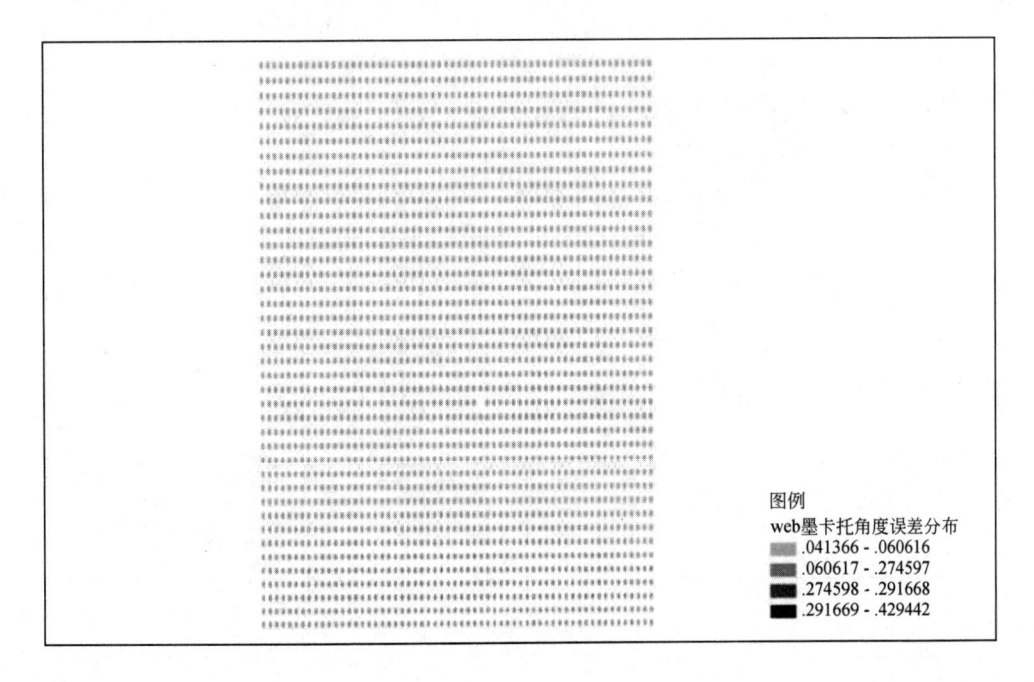

图例
web墨卡托角度误差分布
▨ .041366 - .060616
▨ .060617 - .274597
■ .274598 - .291668
■ .291669 - .429442

高斯-克吕格投影低纬度角度误差分布(0°～4°N)：

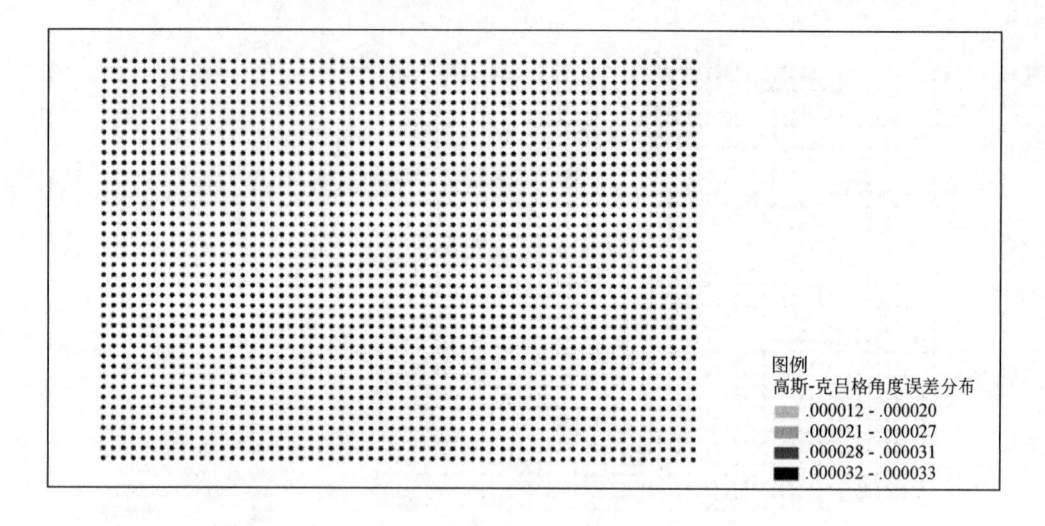

图例
高斯-克吕格角度误差分布
.000012 - .000020
.000021 - .000027
.000028 - .000031
.000032 - .000033

高斯-克吕格投影中纬度角度误差分布(30°～34°N)：

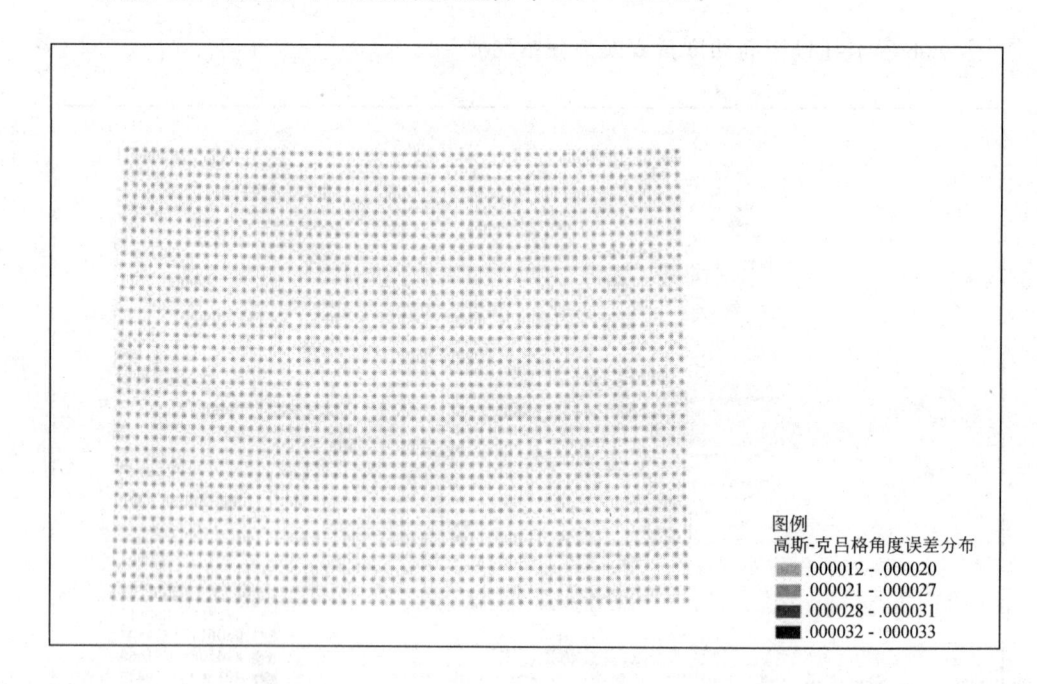

图例
高斯-克吕格角度误差分布
.000012 - .000020
.000021 - .000027
.000028 - .000031
.000032 - .000033

第6章　地图投影变换在世界地图量算中的应用

高斯-克吕格投影高纬度角度误差分布（60°～64°N）：

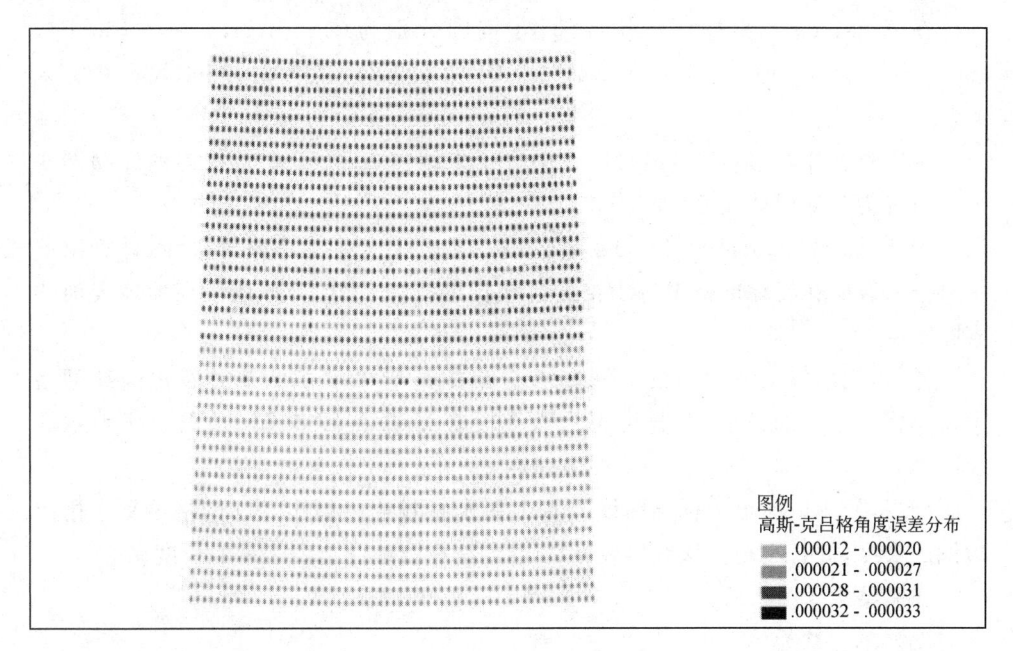

图例
高斯-克吕格角度误差分布
.000012 - .000020
.000021 - .000027
.000028 - .000031
.000032 - .000033

实验小结：

从以上数据不难看出，高斯-克吕格投影在角度量算方面有着非常巨大的优势，0.000 01‰数量级的误差几乎可以忽略不计。

对于高斯-克吕格投影高纬度数据图像中出现的颜色混杂现象我认为是正常的，因为毕竟高斯-克吕格投影的误差是 0.000 01‰数量级的，一点儿微小的变化（比如四舍五入或程序运算法则中的极其微小的误差）都可能导致这一点。此外，这两种颜色代表两个相邻区间，而且发生颜色混杂的位置处于两种颜色的交界处，那些微小的变化完全有可能造成这一误差。不过无论如何这 0.000 01‰数量级的误差都可以被归为没有误差那一类。

在世界地图的量算中，使用 web 墨卡托投影和高斯-克吕格投影的相互转换可以做到消除误差。对于 web 墨卡托投影下的一个角，一定可以在构成它的两条射线上都分别截取一条线段，使得两条线段所跨经度在 6°以内，然后将其变换至高斯-克吕格投影中进行角度的量算，以此达到减小角度误差，甚至消除角度误差的目的。

3. 地图投影变换在长度量算中的应用

实验环境：ArcMap9.0

实验方法：

在 ArcMap9.0 中构建三块经纬网，范围分别为 $(0°\sim 4°N, 120°\sim 126°E)$，$(30°\sim 34°N, 120°\sim 126°E)$，$(60°\sim 64°N, 120°\sim 126°E)$，其中每小格均代表 $0.1°\times 0.1°$。

由资料得知，高斯-克吕格投影在中央子午线左右各 $0.05°$ 范围内的经纬网格平面可视为与地球球面完全相同。

因此，以 $120.05°, 120.15°, 120.25°,\cdots, 125.95°$ 分别为中央子午线，计算出该中央子午线所在经纬网格中每小格的边线长度，此长度视为该线段在地球表面的实际长度。

然后，使用以 $123°$ 为中央子午线、$6°$ 分带的高斯-克吕格投影计算出经纬网格中每小格的边线的长度，此长度视为该线段在高斯-克吕格投影地图上所表示的长度。

同理，使用以赤道为标准纬线的 web 墨卡托投影计算出经纬网格中每小格的边线的长度，此长度视为该线段在 web 墨卡托投影地图上所表示的长度。

实验结果：

误差单位均为 ‰。

web 墨卡托投影低纬度长度误差分布 $(0°\sim 4°N)$：

图例
web 墨卡托长度误差分布
― -.000013 - .242544
― .242545 - .908831
― .908832 - 16.716988
― 16.716989 - 17.936497
― 17.936498 - 19.387964
― 19.387965 - 20.983440
― 20.983441 - 107.699432
― 107.699433 - 117.454372
― 117.454373 - 127.499567

web 墨卡托投影中纬度长度误差分布(30°~34°N)：

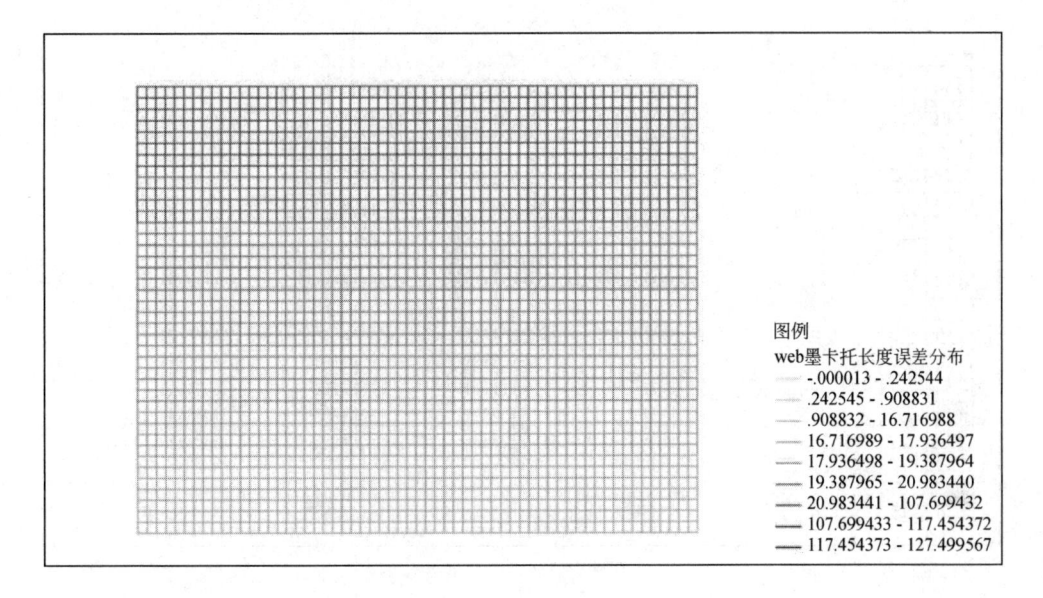

图例
web墨卡托长度误差分布
— -.000013 - .242544
— .242545 - .908831
— .908832 - 16.716988
— 16.716989 - 17.936497
— 17.936498 - 19.387964
— 19.387965 - 20.983440
— 20.983441 - 107.699432
— 107.699433 - 117.454372
— 117.454373 - 127.499567

web 墨卡托投影高纬度长度误差分布(60°~64°N)：

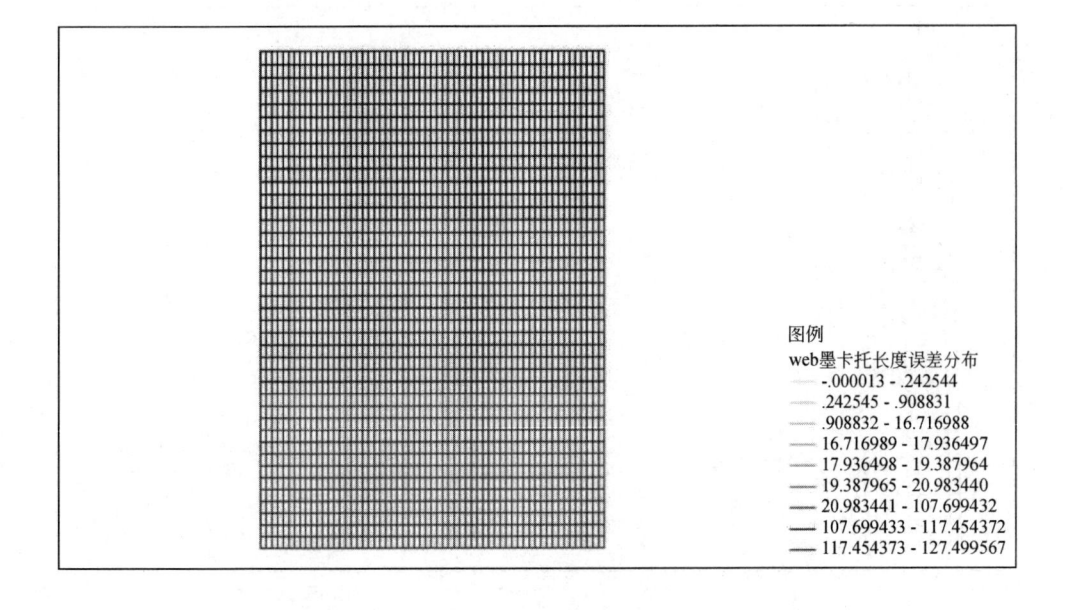

图例
web墨卡托长度误差分布
— -.000013 - .242544
— .242545 - .908831
— .908832 - 16.716988
— 16.716989 - 17.936497
— 17.936498 - 19.387964
— 19.387965 - 20.983440
— 20.983441 - 107.699432
— 107.699433 - 117.454372
— 117.454373 - 127.499567

高斯-克吕格投影低纬度长度误差分布(0°～4°N)：

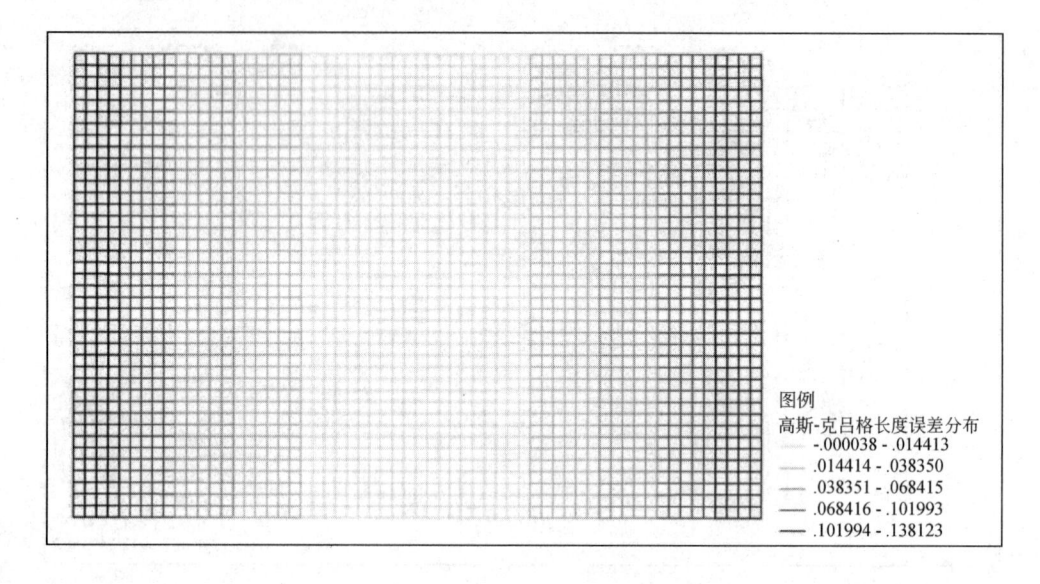

图例
高斯-克吕格长度误差分布
— -.000038 - .014413
— .014414 - .038350
— .038351 - .068415
— .068416 - .101993
— .101994 - .138123

高斯-克吕格投影中纬度长度误差分布(30°～34°N)：

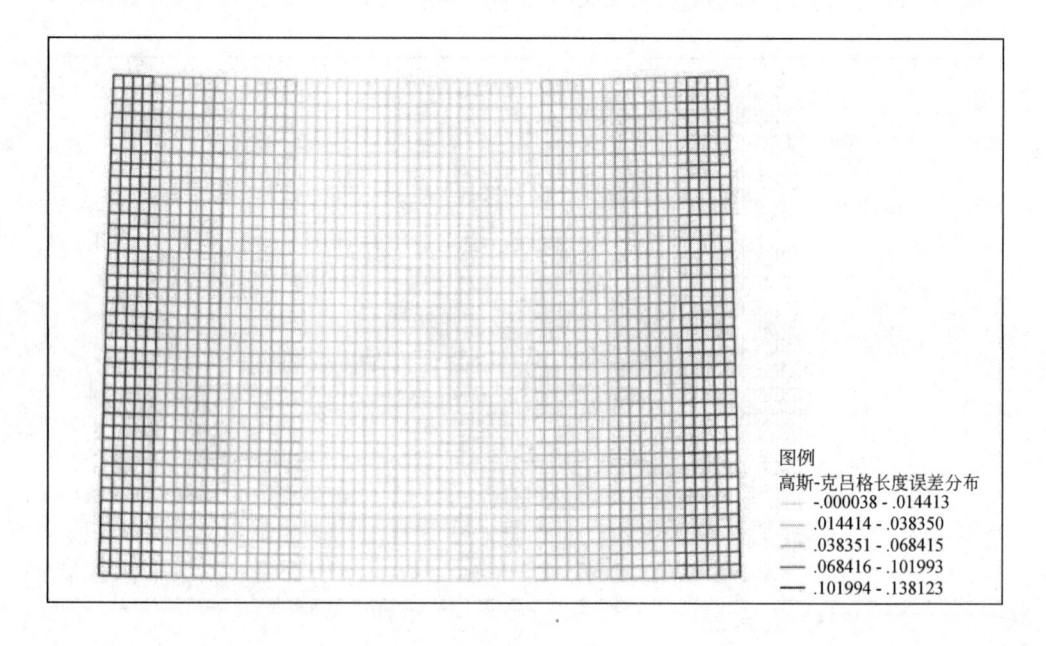

图例
高斯-克吕格长度误差分布
— -.000038 - .014413
— .014414 - .038350
— .038351 - .068415
— .068416 - .101993
— .101994 - .138123

第6章 地图投影变换在世界地图量算中的应用

高斯-克吕格投影高纬度长度误差分布(60°~64°N)：

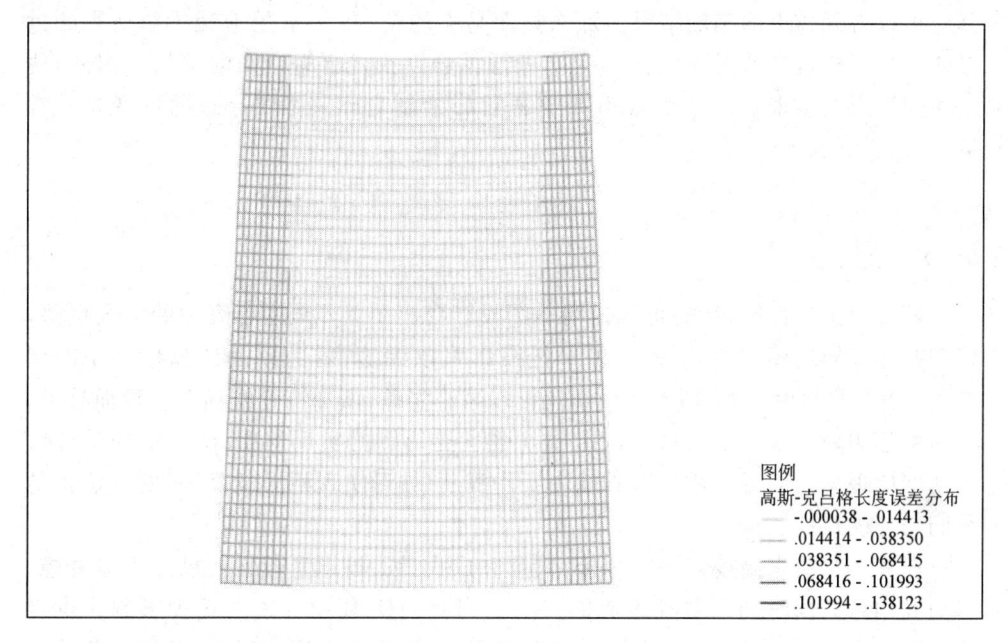

图例
高斯-克吕格长度误差分布
—— -.000038 - .014413
—— .014414 - .038350
—— .038351 - .068415
—— .068416 - .101993
—— .101994 - .138123

实验小结：

从数据和图像中我们发现,长度的误差分布与面积的误差分布出奇的相似：高斯-克吕格投影距离中央子午线越远形变越大,而不是距离中央子午线经差越大形变越大。而 web 墨卡托投影则是纬度越高形变越大,这也从实验的角度验证了这两种投影的性质。

在高纬度地区,高斯-克吕格投影的优势展露无遗,相较于 web 墨卡托投影100%以上的长度变化,高斯-克吕格投影最高不过0.14%的变化简直太精确了,这也说明了地图投影变换的有效性。

在应用方面,由于长度量算的规律和面积量算类似,我们认为应用方法也应与面积量算类似：世界地图中,若量算的长度跨经度范围在6°以内,便可以直接转化为6°分带或更小度数分带的高斯-克吕格投影进行长度量算；若量算的长度跨经度范围在6°以上,则可将其划分为适量的多个跨经度范围在6°以下的区域,再分别在这些区域中使用地图投影变换,将 web 墨卡托投影变换为高斯-克吕格投影进行长度量算后累加得到所求线段长度。

实验总结：

从以上数据不难发现,由于 web 墨卡托投影会出现各方面的形变,在其投影所得的地图上直接进行量算的结果是极为不准确的,而使用地图投影变换进行量算便可以得到较为准确的结果。那么显而易见的是,在 web 墨卡托投影所得的世界地图上同样可以通过地图投影变换进行量算以获得更为精确的结果。因此,使用地图投影变换来解决使用 web 墨卡托投影绘制全球一张图导致的形变是非常可行且有效的。

6.4 总结

  通过以上的计算,我们可以证明地图投影变换在世界地图量算中的巨大优势,即在制作世界地图时发挥 web 墨卡托投影可以无缝拼接,以及计算量较小的优点;在进行量算时使用高斯-克吕格投影以减小误差,增加测量精确度。显而易见,灵活地运用地图投影变换将可以大幅增强世界地图的实用程度,使其更加符合数字地球的理念。而寻找增强世界地图实用程度(如可实现精确量算等)的方法正是我们研究的目的。

  在计算机技术高度发展的今天,快速完成大量的投影坐标转换已经不是梦想,因而我们可以同时利用每种投影的优势。当我们使用 web 墨卡托投影制作世界地图时,可以通过高斯-克吕格投影来量算面积、长度与角度,甚至还可以在其他的等距、等积投影下更精确地量算某一地区的地理信息。这个过程可以应用地图投影变换的原理在计算机上通过编写软件来实现。如此一来,各个投影从不同角度(即每种投影的特性)展现的地理信息可以让我们最大限度地了解选定区域。与此同时,通过地图投影变换在世界地图中实现多种地理信息量算的方法也体现了数字地球的理念,就是将全球的地理信息进行整合。既然硬件条件已经允许我们实施地图投影变换,那么这样一种既简便又完美符合数字地球理念的方法我们何乐而不为呢?

第7章

羽毛球后场击球线路的数学分析

7.1 问题提出

作为一个羽毛球运动的爱好者,在享受羽毛球运动乐趣的同时,又常常被击球质量不高的问题所困扰。例如,一些后场高远球常常是见高不见远,或者是弧度过低而惨遭对方扣杀,又或者本来有一些很好的扣球机会,可是由于扣球角度未掌握好,使扣出的球纷纷落网失分。这些都是所有羽毛球爱好者所共同面临的问题。经过翻阅相关资料得知,羽毛球的击球质量与击球时的力量和球被击出后的运动线路有关,而有关羽毛球击球线路量化计算方面的研究成果经调查尚属空白,在此希望就羽毛球的击球线路问题,通过函数拟合的方式作一些数学分析,探讨用定量求解的方法来帮助运动员找出最佳击球位置,起到提高羽毛球训练和比赛质量的作用。

7.2 数学模型分析

7.2.1 后场高远球击球线路数学分析

后场高远球是一种常见的回球方式,据有关资料统计证明,采用后场高远球的回球方式击球,能使自己得到场上的主动权的概率为32.3%,能使对方失误的概率为32.14%,能使对方接球一般的概率为66.67%[1],因此打出高质量的后场高远球是非常重要的。通过高速摄像机得到的后场高远球击球线路图,经简化后见图1[2]。

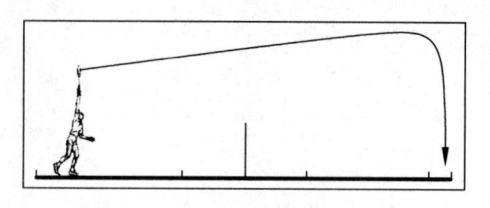

图 1　后场高远球击球线路图

从图 1 中可以看出，击后场高远球其落点越靠近后端线，就越能为还击下一个球争取时间，同时又能迫使对方远离场地中心位置，增加其击球难度，达到有效调动对手的目的。但是球越靠近端线，就越容易出界，造成失误。如何做到让羽毛球的落点既靠近端线，又不出现失误，这就是我们需要解决的问题。因此我们将高远球的击球线路作为我们的数学模型分析研究对象。

如果我们比较一下图 1 中后场高远球的线路图和图 2 中对勾函数在第三象限的图像，我们不难发现这样一个相似点，即前者在底线位置的不断接近和后者对 y 轴的无限趋近具有相同的性质。因此我们可以选择用对勾函数在第三象限的图像作为对羽毛球后场高远球击球线路图进行函数拟合，来达到简化计算并量化分析后场高远球击球线路图的目的。

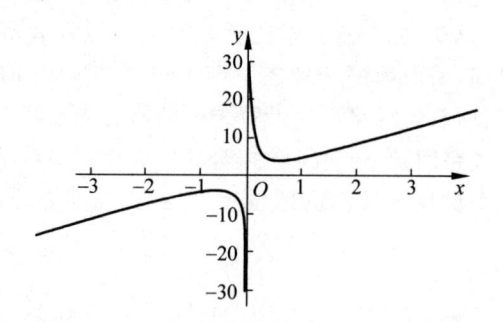

图 2　对勾函数 $y=ax+\dfrac{b}{x}$ 的图像

一个高质量的后场高远球，应该满足以下两个条件：其一，要有一定的高度，至少不能在网前被对方拦截（羽毛球网高为 1.55m）；其二，落点不能出底线（羽毛球场半场的长度为 6.7m）。

根据以上特点，我们设在函数 $y=ax+\dfrac{b}{x}$（其中 $x<0, a>0, b>0$）的图像中（如图 3 所示），设 y 轴作为羽毛球场的底线位置，我方击球高度为 h_1m，对方击球

高度为 h_2 m,我方击球点距对方底线距离为 l_1 m($12.64 \leqslant l_1 \leqslant 13.4$),回球落点距对方底线为 l_2 m。在图3中,A 点代表击球点,B 点为球的落点,y_1 为 B 点的纵坐标,C 点为球经过球网垂直面时在空中的交点。

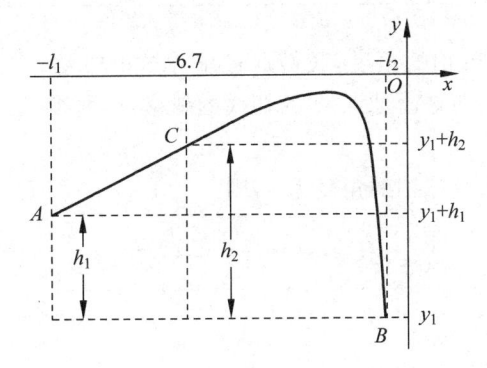

图3 函数 $y = ax + \dfrac{b}{x}$(其中 $x < 0, a > 0, b > 0$)图像

从图中依条件得方程组为:

$$\begin{cases} y_1 + h_1 = -l_1 a - \dfrac{b}{l_1} & \cdots\cdots① \\ y_1 + h_2 = -6.7a - \dfrac{b}{6.7} & \cdots\cdots② \\ y_1 = -l_2 a - \dfrac{b}{l_2} & \cdots\cdots③ \end{cases}$$

② - ① 得:$h_2 - h_1 = (l_1 - 6.7)a - \dfrac{(l_1 - 6.7)b}{6.7 l_1}$ ……④

② - ③ 得:$h_2 = (l_2 - 6.7)a - \dfrac{(l_2 - 6.7)b}{6.7 l_2}$ ……⑤

④ × $(l_2 - 6.7)$ - ⑤ × $(l_1 - 6.7)$ 得:

$(h_2 - h_1)(l_2 - 6.7) - h_2(l_1 - 6.7) = (l_1 - 6.7)(l_2 - 6.7)\left(a - \dfrac{b}{6.7 l_1} - a + \dfrac{b}{6.7 l_2}\right)$

解得:$b = \dfrac{6.7 l_1 l_2 [(6.7 - l_2)h_1 - (l_1 - l_2)h_2]}{(l_1 - 6.7)(l_2 - 6.7)(l_1 - l_2)}$

把 b 代入⑤得:$a = \dfrac{6.7 h_2 (l_2 - l_1) + l_1 h_1 (6.7 - l_2)}{(l_2 - 6.7)(l_1 - 6.7)(l_1 - l_2)}$

因此,解为:

$$\begin{cases} a = \dfrac{6.7h_2(l_2-l_1)+l_1h_1(6.7-l_2)}{(l_2-6.7)(l_1-6.7)(l_1-l_2)} \\ b = \dfrac{6.7l_1l_2[(6.7-l_2)h_1-(l_1-l_2)h_2]}{(l_1-6.7)(l_2-6.7)(l_1-l_2)} \end{cases}$$

为了研究击球点球拍的角度,我们通过求导数的方法,求出函数 $y=f(x)$ 在 $x=-l_1$ 时的导数,也即是击球点 A 的切线的斜率,从而得到击球点球拍的角度。

求导过程如下:

设斜率为 k,击球点球拍的角度为 α,则

$$\dfrac{\Delta y}{\Delta x} = \dfrac{f(-l_1+\Delta x)-f(-l_1)}{\Delta x} = \dfrac{a(-l_1+\Delta x)+\dfrac{b}{-l_1+\Delta x}-a(-l_1)-\dfrac{b}{-l_1}}{\Delta x}$$

$$= a + \dfrac{b}{-l_1(l_1-\Delta x)}$$

$$k = \lim_{\Delta x \to 0}\dfrac{\Delta y}{\Delta x} = a + \dfrac{b}{-l_1^2} = \dfrac{6.7h_2(l_1-l_2)^2+h_1(l_2-6.7)(l_1^2-6.7l_2)}{l_1(l_1-6.7)(l_2-6.7)(l_1-l_2)}$$

因此

$$\angle \alpha = \arctan\left(a-\dfrac{b}{l_1^2}\right) = \arctan\left\{\dfrac{6.7h_2(l_1-l_2)^2+h_1(l_2-6.7)(l_1^2-6.7l_2)}{l_1(l_2-6.7)(l_1-6.7)(l_1-l_2)}\right\}$$

1. 计算结果的应用说明

在羽毛球训练和比赛中,只需了解自己和对方选手的击球高度 h_1,h_2,同时结合击球点距对方底线的距离 l_1 及球的落点距底线的距离 l_2,便可计算出球拍击球瞬间球拍的角度 $\angle \alpha$。反之,如果按照 $\angle \alpha$ 打出后场高远球,则一定是高质量的后场高远回球。

2. 计算结果的检验

设某人跳起击球的高度 $h_1=2.7\text{m}$,站在自己半场的底线向对方半场击球($l_1=13.4\text{m}$),对方跳起拦截的高度 $h_2=3.1\text{m}$,要求球的落点在距底线 0.2m 处($l_2=0.2\text{m}$),根据 $\angle \alpha$ 的计算式可得 $\alpha=15.28°$,此时人的球拍击球的角度为 $90°+15.28°\approx105°$(相对于 x 轴),与有关资料相符[3]。

7.2.2 后场网前吊球击球线路数学分析

后场网前吊球体现了羽毛球运动技术细腻的一面。它的击球线路用高速摄像机照出来类似一条抛物线,经简化后见图 4[2]。故我们可以用二次函数对其进行

第7章 羽毛球后场击球线路的数学分析

函数拟合，作为对后场网前吊球击球线路进行数学模型分析的研究对象。

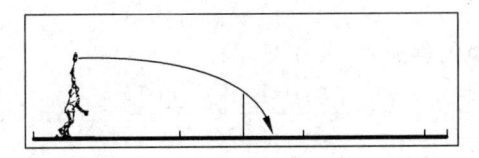

图 4　后场网前吊球击球线路图

一个高质量的后场网前吊球有两个特点：其一，球经过球网时应紧贴着球网上沿边缘，这样对手不容易回球（羽毛球网高为 1.55m）；其二，球的落点应在前发球线到球网之间（前发球线到球网的距离为 2m）。

根据以上信息，我们设后场网前球击球线路的函数解析式为 $y = ax^2 + bx + c(a \neq 0)$，函数图像如图 5 所示，设击球点 A 点的坐标为 $(0, h)$，球网位置 C 点的横坐标为 l_1，即击球点距球网为 l_1m$(5.94 \leqslant l_1 \leqslant 6.7)$，球的落点 B 距球网为 l_2m $(0 \leqslant l_2 \leqslant 2)$。

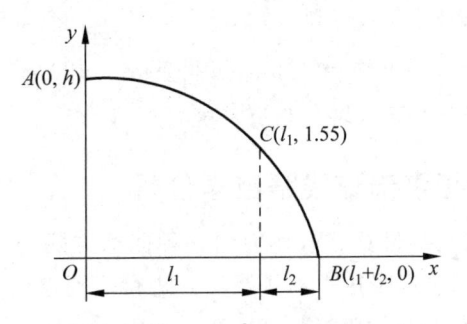

图 5　函数 $y = ax^2 + bx + c(a \neq 0)$

由已知条件得方程组：

$$\begin{cases} c = h & \cdots\cdots ① \\ l_1^2 a + l_1 b + c = 1.55 & \cdots\cdots ② \\ (l_1 + l_2)^2 a + (l_1 + l_2) b + c = 0 & \cdots\cdots ③ \end{cases}$$

③－②得：$l_2(2l_1 + l_2)a + l_2 b = -1.55$　　　　……④

①代入②得：$l_1^2 a + l_1 b = 1.55 - h$　　　　　　　……⑤

④$\times l_1 -$⑤$\times l_2$ 得：$l_1 l_2 (l_1 + l_2) a = h l_2 - 1.55(l_1 + l_2)$

所以 $a = \dfrac{h l_2 - 1.55(l_1 + l_2)}{l_1 l_2 (l_1 + l_2)}$

把 a 代入⑤得：$b = \dfrac{1.55l_1(l_1+2l_2)-l_2h(2l_1+l_2)+1.55l_2^2}{l_1l_2(l_1+l_2)}$

通过求导求 A 点的斜率：

$$k = \lim_{\Delta x \to 0} \dfrac{\Delta y}{\Delta x} = \dfrac{f(0+\Delta x)-f(0)}{\Delta x} = a\Delta x + b = b$$

$$= \dfrac{1.55l_1(l_1+2l_2)-l_2h(2l_1+l_2)+1.55l_2^2}{l_1l_2(l_1+l_2)}$$

因此，击球时球拍位置的角度 $\angle\alpha$ 为：

$$\alpha = \arctan k = \arctan \dfrac{1.55l_1(l_1+2l_2)-l_2h(2l_1+l_2)+1.55l_2^2}{l_1l_2(l_1+l_2)}$$

1. 计算结果的应用说明

在羽毛球训练和比赛中，通过知道击球点的高度 h，击球点距球网的距离 l_1 及球的落点距球网距离 l_2，即可求出击球点球拍接球时的最佳角度 $\angle\alpha$。

2. 计算结果的检验

设 $h=2.8\text{m},l_1=6.7\text{m},l_2=1.5\text{m}$，可得 $\angle\alpha=-26.8°$，此时球拍击球的角度为 $90°-26.8°\approx 63°$（相对于 x 轴），与有关资料相符[3]。

7.2.3 后场扣杀击球线路数学分析

扣球是羽毛球运动中最具有杀伤力的一种回球方式，其击球线路近似一条直线，见图 6[2]。故我们可以采用一次函数对其进行线路逼近，作为对后场扣球击球线路进行数学模型分析的研究对象。

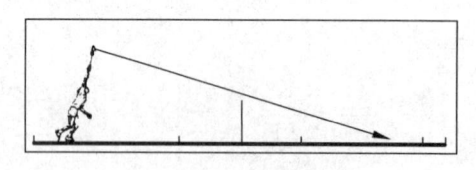

图 6 后场扣球击球线路图

后场扣杀须符合的条件有以下两条：其一，球不能下网，也就是击球路线必须高于球网（羽毛球网高为 1.55m）；其二，球不能出对方后场的边界（单打比赛半场长度为 6.7m）。

根据以上特点，我们作出函数 $y=f(x)=ax+b(a\neq 0)$ 的图像，如图 7 所示。我们设击球点 A 的坐标为 $(0,h)$，球网的所在的横坐标为 l，也即是运动员击球时

距球网的距离为 l m$(0 \leqslant l \leqslant 6.7)$，则对方场地底线坐标点 B 为 $[(l+6.7),0]$。

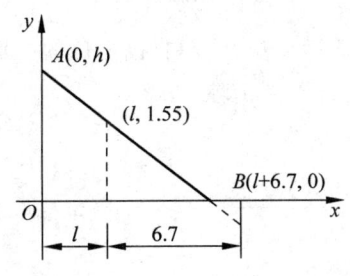

图 7　函数 $y=f(x)=ax+b(a \neq 0)$

由图 7 得：

$$\begin{cases} h=b & \cdots\cdots ① \\ 1.55 \leqslant la+b & \cdots\cdots ② \\ (6.7+l)a+b \leqslant 0 & \cdots\cdots ③ \end{cases}$$

①代入②得：$a \geqslant \dfrac{1.55-h}{l}$

①代入③得：$a \leqslant -\dfrac{h}{6.7+l}$

因为存在实数 a，所以

$\dfrac{1.55-h}{l} \leqslant -\dfrac{h}{6.7+l}$，即 $l \leqslant \dfrac{6.7(h-1.55)}{1.55}$ 或 $h \geqslant \dfrac{1.55(6.7+l)}{6.7}$

又因为 $\dfrac{1.55-h}{l} \leqslant a \leqslant -\dfrac{h}{6.7+l}$

易知，在一次函数 $y=f(x)=ax+b$ 中，a 为该函数图像的斜率。

因此，击球时球拍位置的角度 $\angle \alpha$ 为：$\arctan\left(\dfrac{1.55-h}{l}\right) \leqslant \alpha \leqslant \arctan\left(-\dfrac{h}{6.7+l}\right)$

1. 计算结果的应用说明

由不等式 $h \geqslant \dfrac{1.55(6.7+l)}{6.7}$ 可以计算出，当击球点距网球距离不同时，运动员扣杀时击球高度的最低位置。

由 $\arctan\left(\dfrac{1.55-h}{l}\right) \leqslant \alpha \leqslant \arctan\left(-\dfrac{h}{6.7+l}\right)$ 可以在确定了击球高度、击球点与球网的距离时，得到击球时球拍位置的角度 α 的变化范围。

由不等式 $l \leqslant \dfrac{6.7(h-1.55)}{1.55}$ 可以在已知击球高度时反推击球点距离球网的距离的范围。对于一个羽毛球运动员，了解自己击球的一般高度后，便可知在场地的哪一部分可以击球，哪一部分不能击球。

2. 计算结果的检验

设 $l=6.7 \mathrm{m}$，则 $h \geqslant \dfrac{1.55(6.7+6.7)}{6.7}=3.1(\mathrm{m})$，说明在底线扣杀时击球应高于 $3.1 \mathrm{m}$，符合实际。

再设 $h=2.8 \mathrm{m}$，则 $l \leqslant \dfrac{6.7(2.8-1.55)}{1.55}=5.4(\mathrm{m})$，说明如果击球点高于 $2.8 \mathrm{m}$，须在距球网 $5.4 \mathrm{m}$ 之内扣球。若同时设 $h=2.8 \mathrm{m}, l=5 \mathrm{m}$，则可得 $-14.03° \leqslant \alpha \leqslant -13.45°$，此时球拍击球的角度约为 $90°-14°=76°$（相对于 x 轴），与有关资料相符[3]。

7.3　总结

本章采用函数拟合的数学分析方法，对羽毛球后场高远球等几种最常见的击球线路进行了量化分析和计算，得出了在不同情况下求解最佳击球动作的数学模型。尽管目前这种研究方法得出的成果在实际应用中还需要根据具体的情况进行修正和完善，但作为一种对羽毛球击球线路进行量化分析计算的方法，我们认为还是值得引起相关专业科研人员的注意并进一步深入细致地研究，毕竟作为中学生能够将研究进行到这一步已经很不容易了。羽毛球运动是我国竞技体育的重点项目之一，而现代羽毛球运动发展的趋势之一是训练和比赛的"精细化"[4]。因此如果将本章所述的数学模型所得到的计算结果应用到羽毛球的训练中，则有可能大大提高运动员训练的针对性和有效性，缩短一个普通运动员向高水平运动员成长变化过程中的自我摸索时间，最终达到提高训练水平的目的。

参考文献

[1] 田俊宇.羽毛球男子双打发球方通过第 3 拍争取主动的研究[J].南京体育学院学报，2004,3(4)：37-39.

[2] 乌尔里希·菲舍尔.羽毛球教学[M].王悦，译.北京：北京体育大学出版社,2005.

[3] 肖杰.羽毛球运动理论与实践[M].北京：人民体育出版社,2005.

[4] 赵新华.羽毛球单打项目"中心位置"及直线杀球落点的数理分析[J].南京体育学院学报，1998(3)：35-38.

第8章

双肩书包包带宽度与重量范围的研究

8.1 问题提出

书包是用布、皮革等材料制成的袋子,学生用来携带课本和文具用品。目前,许多书包制造商开始更加注重书包的背负系统,因为现在学生需要携带的书籍和学习用具很多,而且重量也比较大,这使得学生背起书包来很吃力。虽然书包是必需品,但是现在市面上很多书包仍然采用比较传统的设计,最明显的问题就是没有减轻负重的设计,并且比较容易断裂。选择双肩背的书包可以减轻压力,而且包带越宽,对肩膀的压强就越小,从而身体的疼痛感也就越小。但是即使包带做得再宽,如果人体本身无法承受书包所带来的负重,那么宽包带也是没有意义的(不考虑书包破损的情况)。因此,我们的问题是,书包的负重和书包包带宽度是否存在一个理想的函数关系?

8.2 数学模型分析

8.2.1 肩膀可提供的支持力与体重的关系

背书包时对书包包带主要提供支持力的是肩胛骨及其附近肌肉。下面我们讨论肩膀与手臂肌肉的物理结构，来阐述肩膀施力与体重的关系。我们将人的手臂系统抽象为一个几何图形（见图 1），并假设在手臂弯曲（改变提供的支撑力）的过程中，肱二头肌的伸缩（EC）与弯曲并不影响其长度，而是通过不断改变三角肌的长度（DE）来完成支持力的变化。图 1 中点 E 代表肩关节，点 F 代表腕关节。因为并不需要涉及肩、腕关节的宽度所以将其抽象为两个点。CD 表示人体肘关节的宽度，因为肘关节不同的宽度会影响肩膀的支持力，所以我们将其考虑在内。

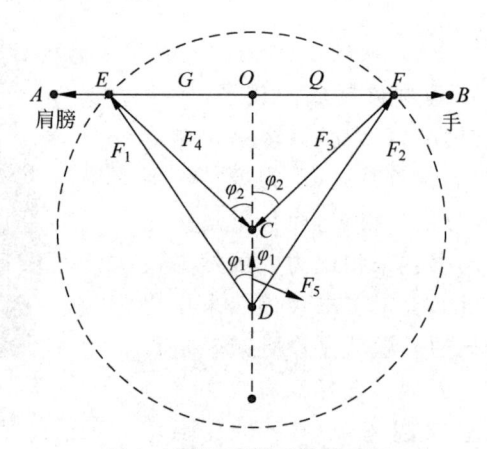

图 1 肩膀、手臂系统受力图

肩膀系统受到力 G 的影响（G 在数值上为体重的 1/2），手臂系统受到力 Q 的影响。

$$\varphi_2 = \arctan\left(\frac{OD}{OC}\tan\varphi_1\right)$$

$$m = \frac{OD}{OC}$$

$$F_1 = G\,\frac{\cos\varphi_2}{\sin(\varphi_2 - \varphi_1)} = G\,\frac{\cos[\arctan(m\tan\varphi_1)]}{\sin[\arctan(m\tan\varphi_1) - \varphi_1]}$$

$$F_3 = G\frac{\cos\varphi_1}{\sin(\varphi_2-\varphi_1)} = G\frac{\cos\varphi_1}{\sin[\arctan(m\tan\varphi_1)-\varphi_1]}$$

$$F_5 = 2G\frac{\cos\varphi_1\cos\varphi_2}{\sin(\varphi_2-\varphi_1)} = 2G\frac{\cos\varphi_1\cos[\arctan(m\tan\varphi_1)]}{\sin[\arctan(m\tan\varphi_1)-\varphi_1]}$$

$$OC = EC\cos\varphi_2$$

$$OE = EC\sin\varphi_2$$

$$OD = OE\cot\varphi_1 = (EC\sin\varphi_2)\cot\varphi_1$$

所以
$$m = \frac{EC\cos\varphi_2}{(EC\sin\varphi_2)\cot\varphi_1}$$

又因为
$$\frac{\sin\beta}{CD} = \frac{\sin\varphi_1}{EC}$$

故
$$\beta = \arcsin\left(\frac{CD\sin\varphi_1}{EC}\right)$$

因为
$$\varphi_2 = \varphi_1 + \beta$$

所以
$$m = \frac{EC\cos(\varphi_1+\beta)}{(EC\sin(\varphi_1+\beta))\cot\varphi_1}$$

$$= \frac{EC\cos\left(\varphi_1 + \arcsin\left(\frac{CD\sin\varphi_1}{EC}\right)\right)}{\left(EC\sin\left(\varphi_1 + \arcsin\left(\frac{CD\sin\varphi_1}{EC}\right)\right)\right)\cot\varphi_1}$$

8.2.2 可接受的书包重量与体重的关系

在图 2 中，AB 表示书包到肩膀顶部的包带长度，DC 表示包带下垂到底部的长度，我们先假设 $AB=CD$。书包的重量为 M。

由于 $CD \in (57\text{mm}, 83\text{mm})$
$EC = 28.20\text{cm}$

> 这里的 CD 与 EC 均为图 1 中的线段而非图 2 和图 3 中的线段。

所以取 $CD = 0.057\text{m}, 0.07\text{m}, 0.083\text{m}$

$$F_1\sin\alpha_1 = \frac{M}{2}$$

$$F_1 = F_1$$

> 这里的两个 F_1 分别代表不同的力但因为数值上相等所以为了方便计算用同一符号代替。

$$F_1 = 2G\frac{\cos\varphi_1\cos[\arctan(m\tan\varphi_1)]}{\sin[\arctan(m\tan\varphi_1)-\varphi_1]}$$

$$\frac{M}{2} = 2G \frac{\cos\varphi_1 \cos[\arctan(m\tan\varphi_1)]}{\sin[\arctan(m\tan\varphi_1) - \varphi_1]} \sin\alpha_1$$

$$M = 4G \frac{\cos[\arctan(m\tan\varphi_1)]}{\sin[\arctan(m\tan\varphi_1) - \varphi_1]} \sin\alpha_1$$

> 因为平常在背书包时不会选择手臂水平伸直或与之相似的动作,所以在这里设 φ_1 取自 $\left(0, \frac{\pi}{4}\right)$。

因为 $\alpha_1 \in \left(0, \frac{\pi}{2}\right), \varphi_1 \in \left(0, \frac{\pi}{4}\right)$

所以 $\arctan(m\tan\varphi_1) \in (0, +\infty)$

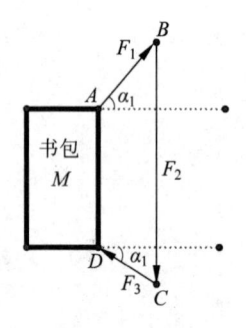

图 2　侧视图 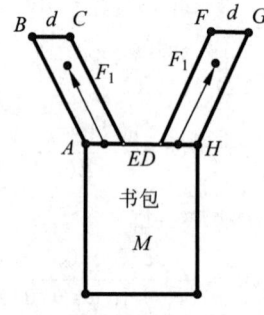　　　　　图 3　正视图

取人体标准体重为 50kg

从而 $M'_1 = 100 \times \dfrac{\cos\left[\arctan\left(\dfrac{\cos(\varphi_1 + \arcsin(0.202\sin\varphi_1))}{\sin(\varphi_1 + \arcsin(0.202\sin\varphi_1))\cot\varphi_1} \tan\varphi_1\right)\right]}{\sin\left[\arctan\left(\dfrac{\cos(\varphi_1 + \arcsin(0.202\sin\varphi_1))}{\sin(\varphi_1 + \arcsin(0.202\sin\varphi_1))\cot\varphi_1} \tan\varphi_1\right) - \varphi_1\right]} \sin\alpha_1$

$M'_2 = 100 \times \dfrac{\cos\left[\arctan\left(\dfrac{\cos(\varphi_1 + \arcsin(0.248\sin\varphi_1))}{\sin(\varphi_1 + \arcsin(0.248\sin\varphi_1))\cot\varphi_1} \tan\varphi_1\right)\right]}{\sin\left[\arctan\left(\dfrac{\cos(\varphi_1 + \arcsin(0.248\sin\varphi_1))}{\sin(\varphi_1 + \arcsin(0.248\sin\varphi_1))\cot\varphi_1} \tan\varphi_1\right) - \varphi_1\right]} \sin\alpha_1$

$M'_3 = 100 \times \dfrac{\cos\left[\arctan\left(\dfrac{\cos(\varphi_1 + \arcsin(0.294\sin\varphi_1))}{\sin(\varphi_1 + \arcsin(0.294\sin\varphi_1))\cot\varphi_1} \tan\varphi_1\right)\right]}{\sin\left[\arctan\left(\dfrac{\cos(\varphi_1 + \arcsin(0.294\sin\varphi_1))}{\sin(\varphi_1 + \arcsin(0.294\sin\varphi_1))\cot\varphi_1} \tan\varphi_1\right) - \varphi_1\right]} \sin\alpha_1$

通过数据的收集与分析现将 φ_1 约为 55°进行计算。

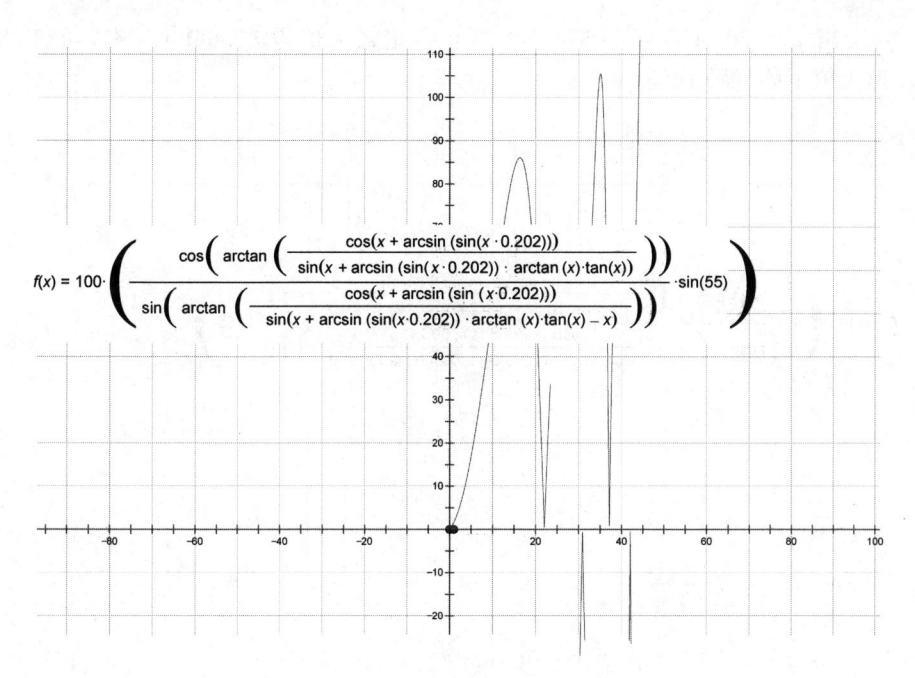

第8章 双肩书包包带宽度与重量范围的研究

$$f(x) = 100 \cdot \left(\frac{\cos\left(\arctan\left(\frac{\cos(x+\arcsin(\sin(x\cdot 0.202)))}{\sin(x+\arcsin(\sin(x\cdot 0.202))\cdot \arctan(x)\cdot \tan(x))}\right)\right)}{\sin\left(\arctan\left(\frac{\cos(x+\arcsin(\sin(x\cdot 0.202)))}{\sin(x+\arcsin(\sin(x\cdot 0.202))\cdot \arctan(x)\cdot \tan(x)-x)}\right)\right)} \cdot \sin(55) \right)$$

（1）当 $\varphi_1=55°$，$CD=0.057\mathrm{m}$ 时，背包重量最大值为 129.42kg 左右，背包重量数值呈波动性增长。

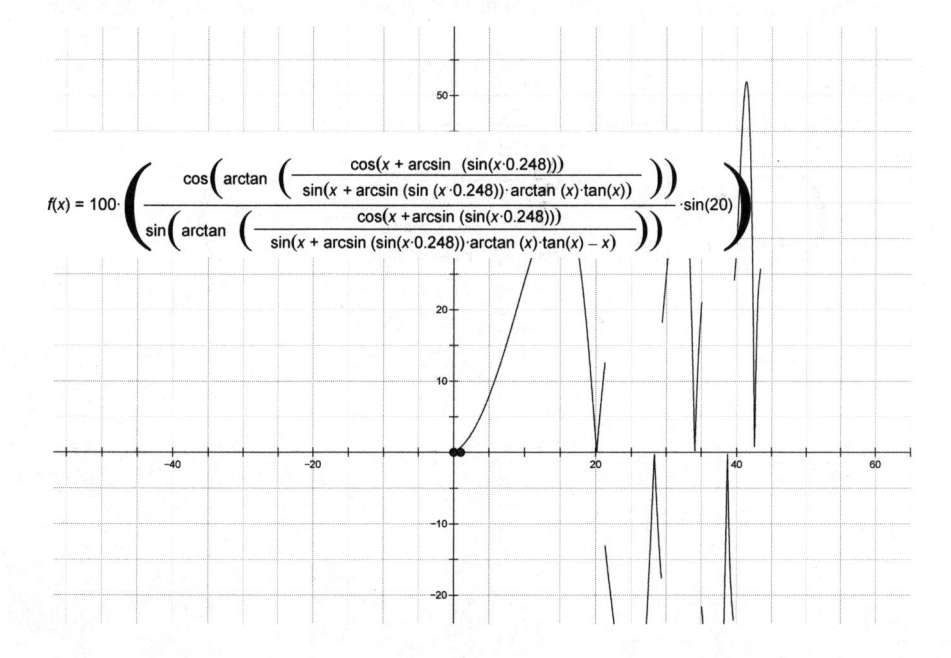

$$f(x) = 100 \cdot \left(\frac{\cos\left(\arctan\left(\frac{\cos(x+\arcsin(\sin(x\cdot 0.248)))}{\sin(x+\arcsin(\sin(x\cdot 0.248))\cdot \arctan(x)\cdot \tan(x))}\right)\right)}{\sin\left(\arctan\left(\frac{\cos(x+\arcsin(\sin(x\cdot 0.248)))}{\sin(x+\arcsin(\sin(x\cdot 0.248))\cdot \arctan(x)\cdot \tan(x)-x)}\right)\right)} \cdot \sin(20) \right)$$

(2) 当 $\varphi_1=20°$，$CD=0.057\text{m}$ 时，背包重量最大值为 51.66kg 左右，与(1)相比较最大值下降，波动更加平缓。

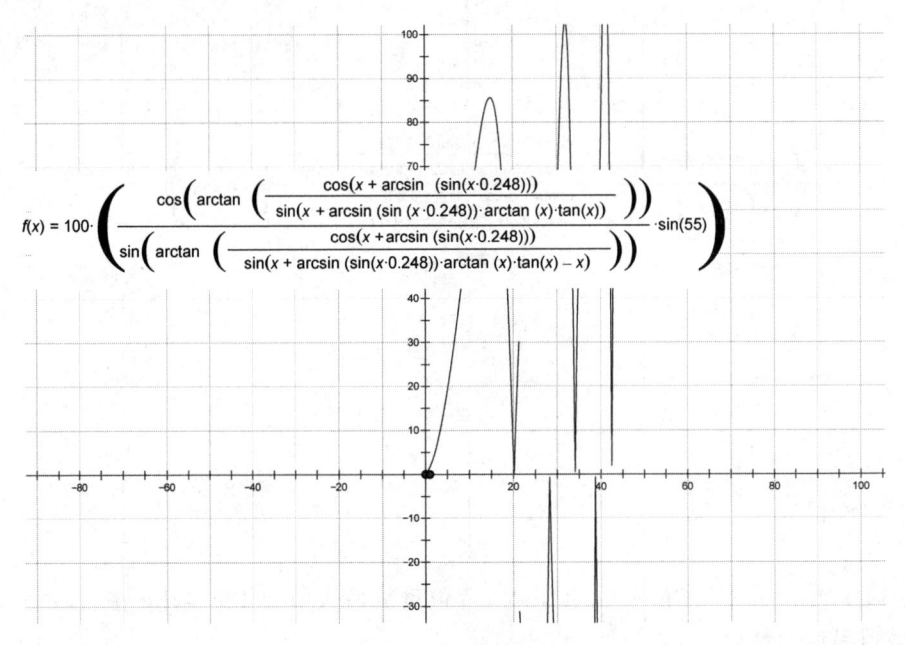

$$f(x) = 100 \cdot \left(\frac{\cos\left(\arctan\left(\frac{\cos(x + \arcsin\,(\sin(x \cdot 0.248)))}{\sin(x + \arcsin\,(\sin(x \cdot 0.248)) \cdot \arctan(x) \cdot \tan(x))}\right)\right)}{\sin\left(\arctan\left(\frac{\cos(x + \arcsin\,(\sin(x \cdot 0.248)))}{\sin(x + \arcsin\,(\sin(x \cdot 0.248)) \cdot \arctan(x) \cdot \tan(x) - x)}\right)\right)} \right) \cdot \sin(55)$$

(3) 当 $\varphi_1=55°$，$CD=0.07\text{m}$ 时，背包重量最大值为 123.73kg 左右，呈波动性增长。

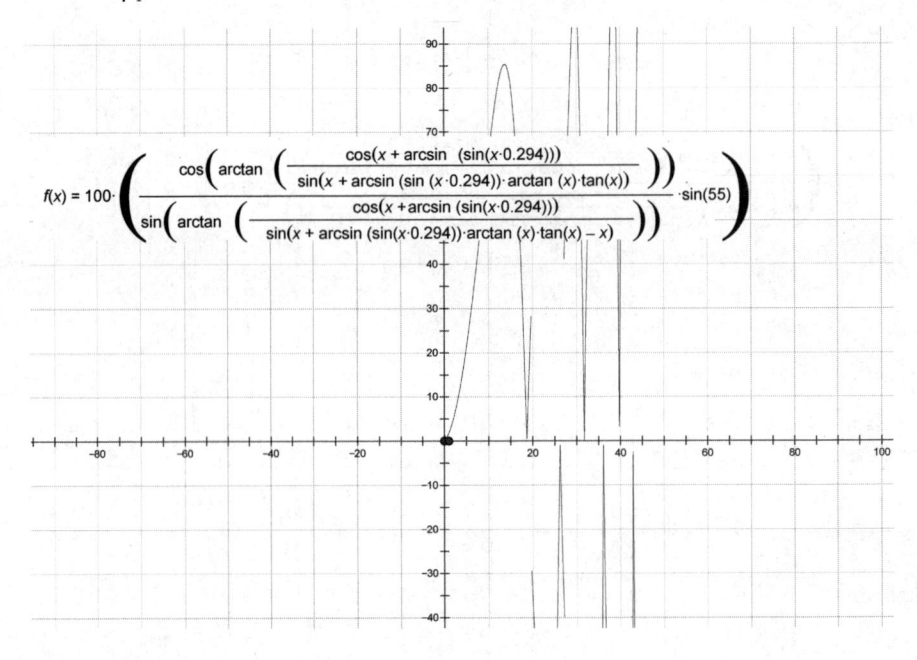

$$f(x) = 100 \cdot \left(\frac{\cos\left(\arctan\left(\frac{\cos(x + \arcsin\,(\sin(x \cdot 0.294)))}{\sin(x + \arcsin\,(\sin(x \cdot 0.294)) \cdot \arctan(x) \cdot \tan(x))}\right)\right)}{\sin\left(\arctan\left(\frac{\cos(x + \arcsin\,(\sin(x \cdot 0.294)))}{\sin(x + \arcsin\,(\sin(x \cdot 0.294)) \cdot \arctan(x) \cdot \tan(x) - x)}\right)\right)} \right) \cdot \sin(55)$$

(4) 当 $\varphi_1 = 55°$，$CD = 0.083\text{m}$ 时，背包重量最大值为 144.53kg 左右，呈波动性增长。

所以多数人的身体机能理论上可以承受的最大双肩包的重量在 123～144kg 波动。

8.2.3 书包最大重量与包带宽度的关系

日常生活中人们不仅需要考虑人体可以承受的重量，还需要考虑负重是否舒适、是否会感到压迫和疼痛。因此，引入痛阈值作为衡量舒适程度的标准是非常需要的。痛阈值是疼痛刺激引起应激组织反应的最低值，即临界值。当刺激超过这个界限时，人体就会产生激烈的反应，而较小的刺激则不会有反应。

人体的最小正常压痛阈值(PPT)约为 1.50kg/cm^2。

由图 4 可以知道人体的肩宽与人体肱骨上踝的最大宽度近似相等，所以将人体肱骨上踝的宽度作为人体的宽度（肱骨上踝宽于肱骨其余部分）。人体肱骨上踝的正常平均宽度为 $H = (58.23 + 55.32) \div 2 = 56.775\text{mm}$，因此将多数人肩膀的横向宽度约为 5.68cm。

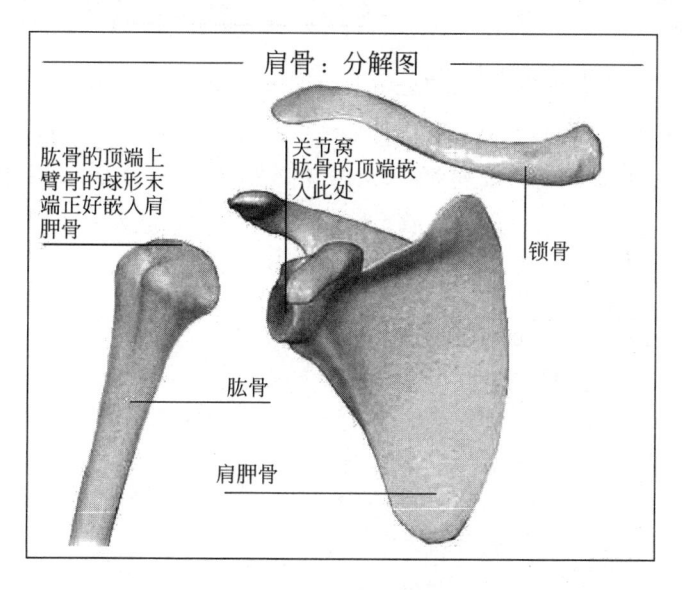

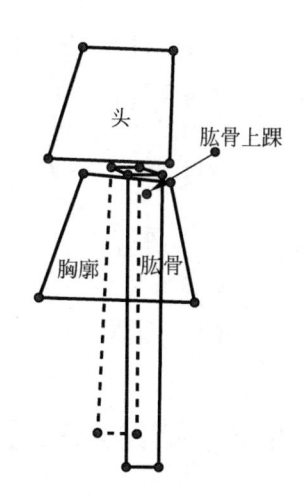

图 4 人体左视图

由图 4 可知，人体的肩部最大宽度由锁骨决定（在此忽略肱骨上端凸出部分的距离）。因此，将锁骨的长度近似为人体的肩部宽度。人体的锁骨平均长度约为

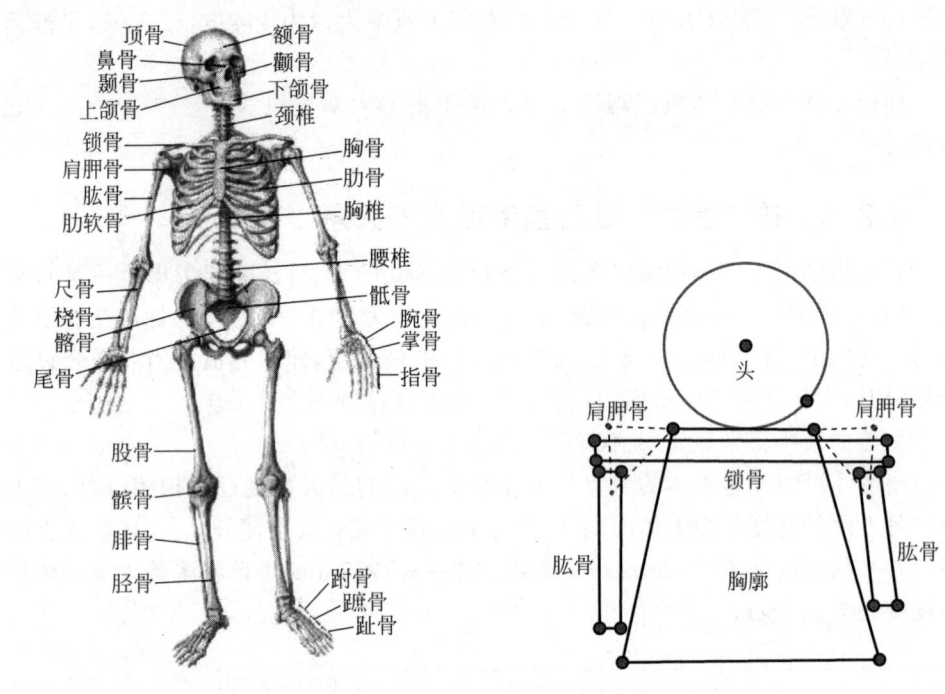

图 5　人体正视图

$L=15.0\text{cm}$，所以人的平均肩宽可以约为 30cm。

设书包最大重量为 M，包带最小宽度为 W，单肩受力面积为 S。

因为 $S = W \cdot H$

所以 $M = 2S \cdot PPT = 2WH \cdot PPT$

故 $W = \dfrac{M}{2H \cdot PPT} = \dfrac{M}{2 \times 5.67 \times 1.5}$

又因为 $W \in (0, L)$ 且 $M \in (123, 144)$

所以 $W \in (7.3, 8.5)$

8.3　结论及反思

肩膀可提供的支持力与体重的关系为 $\dfrac{G\cos\varphi_2}{\sin(\varphi_1 - \varphi_2)}$

可背负的书包重量与体重的关系为 $4G \dfrac{\cos[\arctan(m\tan\varphi_1)]}{\sin[\arctan(m\tan\varphi_1) - \varphi_1]} \sin\alpha_1$

根据我们的研究,不同个体可背负的书包最大重量与其体重正相关,同一体重的个体可背负的书包最大重量与手臂弯曲程度和书包背部角度直接相关。书包背部角度不变时,手臂弯曲程度越大,可背负的重量越大。手臂弯曲程度不变时,书包背部角度越大,可背负的重量越大,但背负重量的波动也越大。

对于同一个体,书包最大重量与适合的包带范围有关系为 $W=\dfrac{M}{2H \cdot PPT}$。

由公式

$$W=\dfrac{4G\dfrac{\cos[\arctan(m\tan\varphi_1)]}{\sin[\arctan(m\tan\varphi_1)-\varphi_1]}\sin\alpha_1}{2H \cdot PPT}$$

$$M=4G\dfrac{\cos[\arctan(m\tan\varphi_1)]}{\sin[\arctan(m\tan\varphi_1)-\varphi_1]}\sin\alpha_1$$

可知,通过人体体重 G,手臂弯曲的程度 φ_1,书包与背部的夹角 α_1,个体压痛阈值 PPT,人体横向宽度 H 和肩部宽度 $2L$ 这 6 个变量,可以算出适合不同个体的双肩包最大重量和合适的包带宽度。适合中学生的包带最小宽度应在 7.3cm。

在实际计算过程中,尽管已经通过考虑实际动作和生活因素等方式尽力缩小 φ_1 的范围,但是 φ_1 的范围仍无法进一步缩小至一个理论上最小的范围,因此算出的最大值只是一个理论值,与实际值存在一定的差距。此外,虽然本章在计算包带宽度时考虑了痛阈值这一人性化的因素,但是每个人肌肉的状况、身体的损耗状况等更加细节的因素未被考虑,所以算出的数值可能与实际结果存在差距。

本章通过较为复杂的三角公式推导,尽可能多地引入实际可求数据以增强公式的可信度。然而,由于三角函数值有正有负,导致绘图时图像有正有负,但这并不影响发现函数中自变量与因变量的相关关系。因为函数过于复杂,所以在这里不讨论具体哪个函数值影响总体的正负。

在选取"健康人压痛阈特点的初步研究"中有关正常人最小压痛阈值的数据时,考虑到本章的主要研究人群为中学生,因此选取的是其女生组的最小值。尽管该数据源于在校学生,与本章的研究范围相近,但是其随机性下降,普遍性与可靠性无法确定,所以有可能导致数据不准确,对最后结论造成影响。

根据我们的研究结果,适合大多数人的包带宽度至少为 7.29cm,这与现实中的直观感受相当接近,说明本章的大致研究方向是正确的。然而,由于数据不可靠或精确度不够高,可能存在小偏差。数据来源中有大量数据来自网络,并且对网站和数据的可信度无法考证,因此在进行书包最大重量与适合包带宽度的计算时,由于存在数据偏差,可能导致结论偏差。此外,测量包带与背部角度时也存在因样本量过少而存在偶然性的可能。

虽然本章从理论角度进行了计算,并通过代入前人在专门学科中研究出的数据进行了计算,但实际上,我们没有采集不同体重的人可以背负的最大重量和适合的包带宽度数据,因此需要改进,以减小分析公式的误差。

第9章

一种运算优化方法——补数次幂叠加法

9.1 问题提出

$99^{-1}=0.010\,101\,010\,101\,010\,1\cdots\cdots$，而 $100-99=1$，99^{-1} 运算与 01 有密切关系。通过运算可以发现，100 以内的正整数的倒数与 100 和它的差的次幂的叠加可能有联系。进一步猜想，是否所有正整数的倒数运算都有上述运算关系，利用上述关系能否优化倒数的计算方法呢？

9.2 数学运算探究

9.2.1 定义补数

现规定，若已知一整数 a 满足 $10^{n-1} < a < 10^n$，则称 $10^n - a$ 为 a 的补数。由此可知 $a \neq 10^b$，$b \in \mathbf{Z}$。

因此，问题可转化为 100 以内的数的倒数与它的补数的幂的叠加之间的联系。已知整数 a，若将其补数表示为 $\bar{a}$，又假设 $10^{n-1} \leqslant a < 10^n$，$n \in \mathbf{N}^+$，则 $\bar{a}=10^n-a$，或写作 $\bar{a}=10^{[\lg a]+1}-a$，其中[ ]为高斯符号。

9.2.2 建立运算模型

现拟一张表格，按照 99 的倒数的规律，将 98 的整数次幂依次纵向排列。同时，表格中每个 98^x 的整数次幂最后一位需要相对它的上一行的数即 98^{x-1} 向后移动两位($x \in \mathbf{Z}$)。现在以 98^{-1} 的计算过程为例，用这种方法计算其前 27 位：

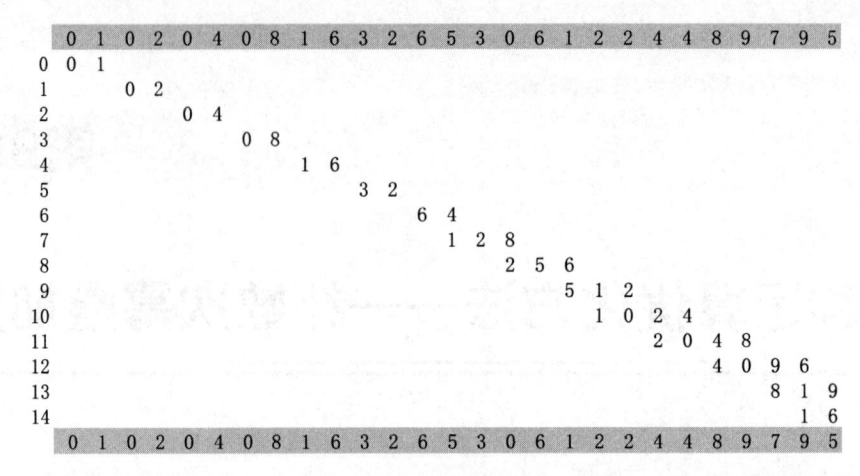

```
    0 1 0 2 0 4 0 8 1 6 3 2 6 5 3 0 6 1 2 2 4 4 8 9 7 9 5
 0  0 1
 1    0 2
 2      0 4
 3        0 8
 4          1 6
 5            3 2
 6              6 4
 7                1 2 8
 8                  2 5 6
 9                    5 1 2
10                      1 0 2 4
11                        2 0 4 8
12                          4 0 9 6
13                            8 1 9
14                              1 6
    0 1 0 2 0 4 0 8 1 6 3 2 6 5 3 0 6 1 2 2 4 4 8 9 7 9 5
```

可以看出,这种计算方式得出的值和实际值完全相同。因此,可以认为这种方法是可取的。那么,我们可以将这种方法应用到其他数字上,例如 97, 96, 66 等。通过这种方法可以计算出来这些数字的倒数,并验证其是否符合实际值。

9.2.3 计算验证

用上述方法计算 93^{-1} 的值。

```
    0 1 0 7 5 2 6 8 8 1 7 2 0 4 3 0 1 0 7 5 2 6 8 8 1 7 2
 0  0 1
 1    0 7
 2      4 9
 3        3 4 3
 4          2 4 0 1
 5            1 6 8 0 7
 6              1 1 7 6 4 9
 7                8 2 3 5 4 3
 8                  5 7 6 4 8 0 1
 9                    4 0 3 5 3 6 0 7
10                      2 8 2 4 7 5 2 4 9
11                        1 9 7 7 3 2 6 7 4 3
12                          1 3 8 4 1 2 8 7 2 0 1
13                            9 6 8 8 9 0 1 0 4 0
14                              6 7 8 2 2 3 0 7 2
15                                4 7 4 7 5 6 1 5
16                                  3 3 2 3 2 9 3
17                                    2 3 2 6 3 0
18                                      1 6 2 8 4
19                                        1 1 3 9
20                                          7 9
21                                            5
22
    0 1 0 7 5 2 6 8 8 1 7 2 0 4 3 0 1 0 7 5 2 6 8 8 1 7 2
```

经检验,发现这种方法几乎适用于 80 以外、100 以内的所有整数,只是计算量大小有所不同。根据此法的特点,我将其命名为"补数次幂叠加法"。但是,当尝试用这种方法计算 2 的倒数时,发现其计算量非常大,不能很快地算出准确值。那么,我们能否直接证明这种方法的普遍正确性呢?

9.2.4 "补数次幂叠加法"的理论证明

证明:因为 $s = a^0 \times 10^{-2} + a \times 10^{-4} + a^2 \times 10^{-6} + \cdots + a^{n-1} \times 10^{-2n-2}$

$$= 10^{-2} \times (1 + a \times 10^{-2} + a^2 \times 10^{-4} + a^3 \times 10^{-6} + \cdots + a^{n-1} \times 10^{2n})$$

$$= 10^{-2} \times \frac{1 \times [1 - (a \times 10^{-2})^{n-1+1}]}{1 - a \times 10^{-2}} = \frac{1}{100 - a} \times (1 - a^n \times 10^{-2n})$$

又有 $\lim\limits_{n \to \infty}(1 - a^n \times 10^{-2n}) = 1$,所以

$$s = \frac{1}{100 - a} \times \lim_{n \to \infty}(1 - a^n \times 10^{-2n}) = \frac{1}{100 - a}$$

故这种算法是普遍正确的。

9.2.5 方法的推广

既然这种方法对于 100 以内的整数都适用,那么是否可以用"补数次幂叠加法"计算任意大小整数的倒数呢?

通过实验,我们已经证实对任意数 a,其位数为 b 位,则可以构建一张次幂规律排列表格。按照 $10^b - 1$ 的倒数的规律,令每个次幂 a^x 的最后一位相对 a^{x-1} 向后移动 b 位。这样叠加得出的倒数的值是正确的。现在对其进行求证。

推广证明:

因为 $s = a^0 \times 10^{-b} + a \times 10^{-2b} + a^2 \times 10^{-3b} + \cdots + a^{n-1} \times 10^{-bn-b}$

$$= 10^{-b} \times (1 + a \times 10^{-b} + a^2 \times 10^{-2b} + a^3 \times 10^{-3b} + \cdots + a^{n-1} \times 10^{bn})$$

$$= 10^{-b} \times \frac{1 \times [1 - (a \times 10^{-b})^{n-1+1}]}{1 - a \times 10^{-b}} = \frac{1}{10^b - a} \times (1 - a^n \times 10^{-bn})$$

因为 $\lim\limits_{n \to \infty}(1 - a^n \times 10^{-bn}) = 1$,故

$$s = \frac{1}{10^b - a} \times \lim_{n \to \infty}(1 - a^n \times 10^{-bn}) = \frac{1}{10^b - a}$$

所以,这种方法是有普遍的适用性的。

今试以 998 为例,对上述证明进行验证。

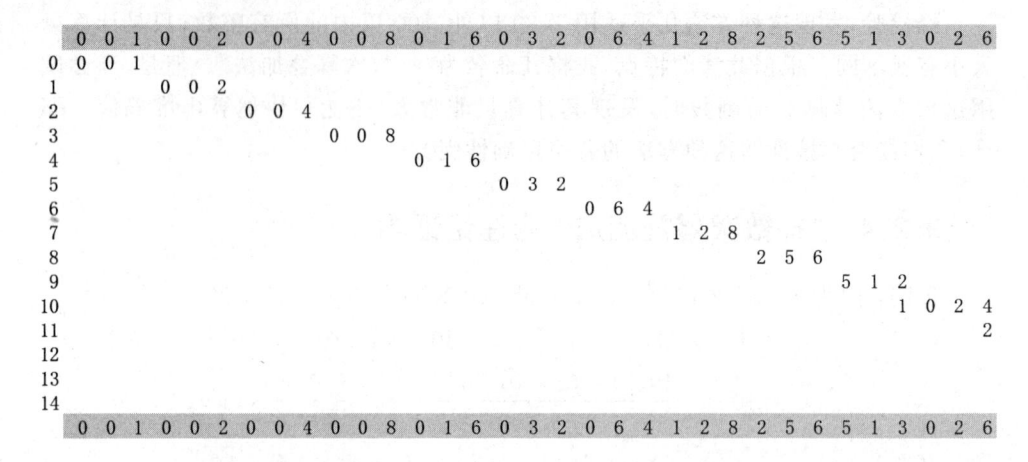

```
         0 0 1 0 0 2 0 0 4 0 0 8 0 1 6 0 3 2 0 6 4 1 2 8 2 5 6 5 1 3 0 2 6
 0   0 0 1
 1         0 0 2
 2               0 0 4
 3                     0 0 8
 4                           0 1 6
 5                                 0 3 2
 6                                       0 6 4
 7                                             1 2 8
 8                                                   2 5 6
 9                                                         5 1 2
10                                                               1 0 2 4
11                                                                     2
12
13
14       0 0 1 0 0 2 0 0 4 0 0 8 0 1 6 0 3 2 0 6 4 1 2 8 2 5 6 5 1 3 0 2 6
```

9.2.6 四则运算定义

已知整数 a，假设 $10^{n-1} \leqslant a < 10^n, n \in \mathbf{N}^+$，则其补数 $\bar{a} = 10^n - a$，或写作 $\bar{a} = 10^{[\lg a]+1} - a$，其中 [ ] 为高斯符号。在"补数次幂叠加法"中作为第 n 个加数的数称为该倒数的第 n 层叠加。

下面定义"补数次幂叠加法"的四则运算。

令 $A = \dfrac{1}{a} = \sum\limits_{i=1}^{n}(10^{[\lg a]+1} - a)^{i-1} \times 10^{-\{[\lg a]+1\}i}$,

$B = \dfrac{1}{b} = \sum\limits_{i=1}^{n}(10^{[\lg b]+1} - b)^{i-1} \times 10^{-\{[\lg b]+1\}i}$。

令 A_n 与 B_n 分别为 A 与 B 的第 n 层叠加，$(A+B)_n$，$(A-B)_n$，$(AB)_n$，$\left(\dfrac{A}{B}\right)_n$ 分别为 $A+B$、$A-B$、$A \times B$、$A \div B$ 的第 n 层叠加。则有如下公式：

$$(A+B)_n = A_n + B_n$$

$$(A-B)_n = B_n - A_n$$

$$(AB)_n = \dfrac{A_n - B_n}{B - A}(A \neq B)$$

$$\left(\dfrac{A}{B}\right)_n = bA_n$$

由上述四则运算定义可知，该运算满足加法、乘法的结合律。

以 $93^{-1} + 98^{-1}$ 为例，对上述公式进行验证。

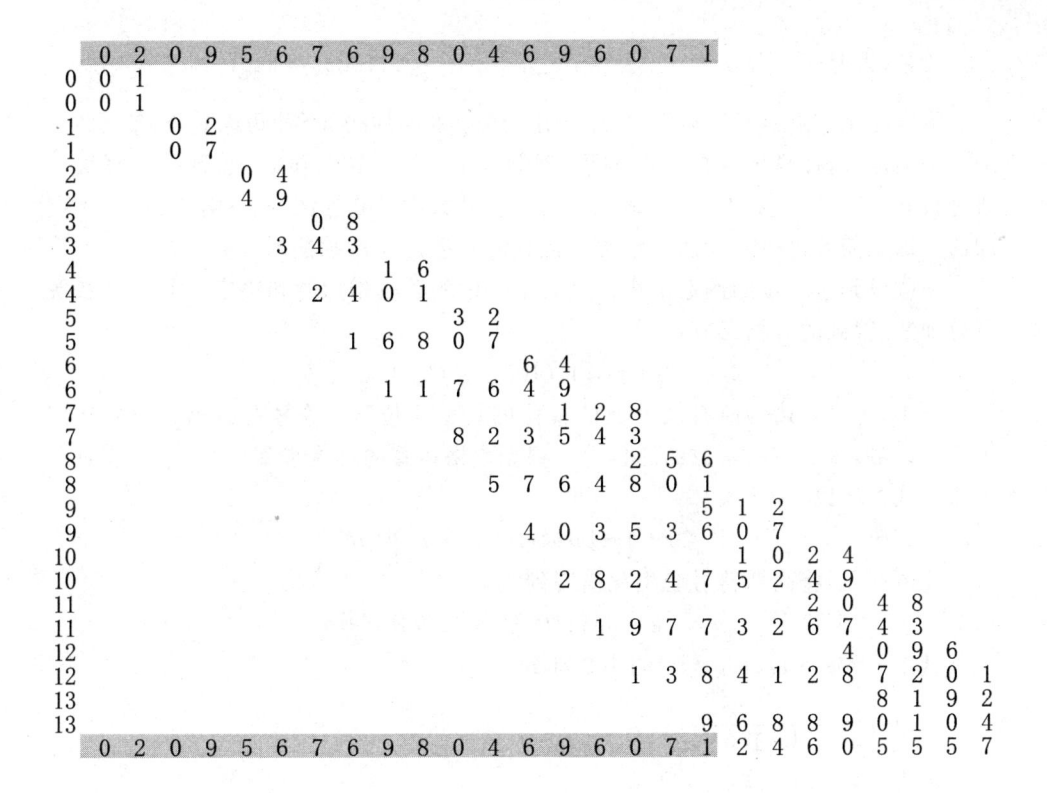

```
        0 2 0 9 5 6 7 6 9 8 0 4 6 9 6 0 7 1
 0    0 1
 0    0 1
 1      0 2
 1      0 7
 2        0 4
 2        4 9
 3          0 8
 3          3 4 3
 4              1 6
 4            2 4 0 1
 5                  3 2
 5              1 6 8 0 7
 6                    6 4
 6                1 7 6 4 9
 7                      1 2 8
 7                  8 2 5 4 3
 8                          2 5 6
 8                  5 7 6 4 8 0 1
 9                              5 1 2
 9                4 0 3 5 3 6 0 7
10                              1 0 2 4
10                2 8 2 4 5 2 4 9
11                                  2 0 4 8
11                  1 9 7 7 3 2 6 7 4 3
12                                      4 0 9 6
12                    1 3 8 4 1 2 8 7 2 0 1
13                                          8 1 9 2
13                                    9 6 8 8 9 0 1 0 4
        0 2 0 9 5 6 7 6 9 8 0 4 6 9 6 0 7 1 2 4 6 0 5 5 5 7
```

9.3 结论与应用

(1) 提高正确率：因为这种方法可以有效地减少某些"相对大数"的倒数的计算量，所以在计算数 a ($10^{n-1} < a < 10^n$) 的倒数时，若 $a \leq 7.5 \times 10^{n-1}$，则可用普通方法计算；若 $7.5 \times 10^{n-1} < a < 10^n$，则可用此法计算，以减少乘法的运算量。不仅如此，化减除为加乘的方法本身也可以减少出错率。

(2) 提高计算效率：现以前面提到的 93^{-1} 的计算过程予以说明。因为现代计算机的计算速度相当迅速，现假定计算机进行加、减、乘、除的单次运算时间相同，均为 t。

例：分别用一般计算方法与"补数次幂叠加法"计算 93^{-1} 到第 27 位。

① 普遍方法计算量：26 次除法，26 次减法；

② "补数次幂叠加法"计算量：44 次乘法 (23 次为移动小数点)，1 次加法。

所以 $t_1 = (26+26) \times t = 52t$；$t_2 = (21+23+1) \times t = 45t$

故，节省时间百分比为 $\dfrac{t_1-t_2}{t_1}\times 100\% = \dfrac{52-45}{52}\times 100\% = 13.46\%$

所以说，计算机在这次运算中，若使用"补数次幂叠加法"，效率可以提升 13.46%。

一般地，若计算任意数 a 的倒数（现假设 $75<a<100$）至 b 位，则平常算法一般进行 $b-1$ 次除法和 $b-1$ 次减法，而使用"补数次幂叠加法"则只需进行 $b-4$ 次加法。那么需要进行多少次乘法呢？假设需要进行 n 次乘法。

现假设到这一位的倒数值由截至其下一位的数值相加的和决定，则由"补数次幂叠加法"得到的表格必有：

$$2(n+1) = \{[\lg(100-a)^n]+1\}+b$$

其中，等号左边为所有次幂数的末位的总退后位数；等号右边第一项中运用了高斯函数，表示该次幂数的总位数。根据表格运算的具体步骤可知，这其实是一个恒等式。所以

$$2n+1-[n\times\lg(100-a)]=b$$

简便起见，将高斯符号脱出化简得到

$$n\times[2-\lg(100-a)]=b-c-1$$

其中 c 为 $n\times\lg(100-a)$ 的小数部分。

所以 $n = \dfrac{b-c-1}{2-\lg(100-a)}$

因为 $0<c<1$；$75<a<100$

所以 $\dfrac{b-c-1}{2-\lg(100-a)} > \dfrac{b-2}{2} = 0.5b-1$

$\dfrac{b-c-1}{2-\lg(100-a)} < \dfrac{b-1}{2-2\lg(5)} \approx \dfrac{b-1}{2-2\times 0.7} = \dfrac{b-1}{0.6} = \dfrac{5}{3}b - \dfrac{5}{3}$

故 $0.5b-1 < \dfrac{b-c-1}{2-\lg(100-a)} < \dfrac{5}{3}b - \dfrac{5}{3}$

① 平常算法计算量：$b-1$ 次除法，$b-1$ 次减法；

② "补数次幂叠加法"计算量：$\dfrac{b-c-1}{2-\lg(100-a)}$ 次乘法，$b-4$ 次加法。

因此"补数次幂叠加法"计算量比平常算法要少算 $[0.5b+3]$ 至 $\left[3-\dfrac{2}{3}(b-1)\right]$ 次。若用 Δn 来表示"补数次幂叠加法"计算量比平常算法少算的次数，则 Δn 一定随着 b 的增大而增大，随着 a 的增大而减小。由于日常要求至多为 4 位小数，所以 Δn 的值始终大于等于零。所以说，"补数次幂叠加法"比普通计算方法在日常生活中更具优势。

第10章

利用数学方法对词的平仄音律结构的探究

10.1 问题提出

在中国传统文学中,词是格律要求最为严格、复杂的文学体裁之一。词在诞生之初及流传发展的相当长一段时间中,其创作都以表演、传唱为目的。因此,词对于诵读、演唱而产生的听觉效果有极高的要求,对于音韵和谐、悦耳的追求极为苛刻。经过相当长时间的文学艺术实践和音乐理论发展,词的格律得到了极为严密的定型:每个词牌都是一种特定的程式,这不仅包括相应的字句长短组合变化,更严格规定了出现在每一位置上的字的平仄声,这种规定便是"词谱"。正如歌词作者给已谱好的规定了节奏与音高的乐曲填词一样,后代文人在词创作时只能照曲谱填词。

词的平仄音律结构看似千变万化,但在这种变化之下是否隐藏着共性?如果存在这种共性,那么这种共性又揭示了什么普遍的规律?如果确实存在这种规律,那么它也许表明词的平仄音律结构在生成过程中有特定的模式,也许表明特定的平仄音节组合存在特殊的听觉效果。无论如何,在这个方向上的研究具有较重要的意义,不仅对文学而言,对语音学也同样重要。

10.2 词的平仄音律结构的数学表示

10.2.1 表示方法

以"1"表示平声音节,"2"表示仄声音节,添加现代汉语标点符号的地方以"/"

隔开。两个"/"符号内的数字表示一个音节段。

10.2.2 表示结果

菩萨蛮　1122112/1122112/12211/21121/
　　　　21122/22112/12211/11221

长相思　211/211/2211221/11221/
　　　　211/211/2211221/21121

更漏子　211/122/122112/122/211/21121/
　　　　122/212/122112/122/211/21121

忆江南　122/12211/1221122/1122211/12211

相见欢　211/211/211/2211/12211
　　　　212/212/211/2211/12211

我们共分析了 24 个词牌，现展示其中 5 个。

10.2.3 对表示结果的初步处理

在现代汉语标点符号的基础上划分音节段时，还需要注意在实际诵读过程中的停顿规律。七字句常采用"四＝三"停顿，六字句常采用"二＝四"停顿，而不是"三＝三"停顿。考虑到这一因素，我们才能更完善地分析基本音节组的结构。因此，在 10.2.2 小节中的表示结果的基础上，考虑停顿的因素，再次划分音节段（二次划分的结构用"/"表示）：

菩萨蛮　1122/112/1122/112/12211/21121/
　　　　21122/22112/12211/11221

长相思　211/211/2211/221/11221/
　　　　211/211/2211/221/21121

更漏子　211/122/12/2112/122/211/21121/
　　　　122/212/12/2112/122/211/21121

忆江南　122/12211/1221/122/1122/211/12211

相见欢　211/211/211/2211/12211
　　　　212/212/211/2211/12211

我们共分析了 24 个词牌，现展示其中 5 个。

10.3 针对音节段的数据统计分析

10.3.1 术语

音节：一个发音单位。在汉语中，一个单字为一个音节。由于本章是从音律角度对词谱进行分析，因此一律将单字称为"音节"。

音节段：由两个或两个以上音节组成的连续音节，它们在诵读时形成一定的连读关系。

基本音节段：在诵读时中间不再有停顿的音节段。其他复杂的音节段由基本音节段组成，这些复杂音节段虽然相对连续，但在诵读时都会出现停顿，是可分的。而基本音节段是不可分的。

音节组：以固定形式出现的基本音节段。按照组成音节的多少，分为双音节组、三音节组和四音节组。

音节句：被现代汉语标点符号隔开的、能表达一定完整意思的音节段。按照组成音节的多少，分为五音节句、六音节句和七音节句。其中，五音节句为基本音节段，而六音节句是由一个双音节组和一个四音节组构成的复杂音节段，七音节句是由一个四音节组和一个三音节组构成的复杂音节段(参见 10.2.3)。

音组：在同一个音节段中出现的一个或连续多个平仄相同的音节。

10.3.2 针对基本音节段的数据统计分析

1. 三音节组

(1) 单独出现的三音节组

音节段	在全体样本中的出现次数
211	16
212	8
122	7
112	1

由统计结果可得：

① 三音节的六种组合形式中除"111"与"222"外都有出现。

② "211"出现频率远高于其他组合形式。

（2）七音节句中出现的三音节组

音节段	在全体样本中的出现次数
211	16
212	1
122	21
112	14
221	13

由统计结果可得：

① "211"依然有较高的出现频率。但更引人注意的是"122"形式的大量出现。"211"与"122"在平仄组合上完全相反，因此在听觉表现上高度相似。这种相似在音节组单独出现时并不明显，但当它们作为音节句的组成部分出现时，它们的相似性就十分突出了。同时，因为音节句常常有对仗关系，要求平仄组合的相反，这更加强了平仄完全相反的音节组使用频率趋同的情况。因此，在考虑了"211"与"122"实际意义上的一致性后，我们可以看出，"211"是三音节组中的基本音节组，"122"可视为"211"的衍生音节组。

② "112"与"221"拥有很高且十分接近的使用频率，更加印证了上述对于平仄完全相反的音节组在组成音节句时具有一致实际意义的结论。

2. 四音节组

（1）单独出现的四音节组

音节段	在全体样本中的出现次数
2211	19
1211	17
2122	10
1122	10
1112	2

由统计结果可得：

① "2211"与"1211"拥有最高且十分接近的使用频率。

② "2211"的完全相反组"1122"使用频率也较高。

（2）六音节句中出现的四音节组

音节段	在全体样本中的出现次数
1112	10
1211	7
1122	7
2112	6

2211	5
1212	3
2122	2

由统计结果可得：

① "2211"与"1211"再次展现出拥有十分接近的使用频率。

② 与单一四音节组相比，在六音节句中"1122"在使用频率上与"2211"更加接近，再次证明了上文中提到的平仄完全相反的音节组在组成音节句时具有一致的实际意义。

③ "1112"与"2112"也具有较高且十分接近的使用频率。另外，"2112"在单一的四音节组和六音节句中都有很高的使用频率。"1112"在单一的四音节组中并未出现。

（3）七音节句中出现的四音节组

音节段	在全体样本中的出现次数
1122	14
2211	13
1211	11
1221	7
2112	7
1112	4
2122	2
1212	1

由统计结果可得：

① "2211"这种四音节组和它的相反音节组"1122"，以及"2112"这种四音节组和它的相反音节组"1221"，都有较高的使用频率。这印证了上文中，对于平仄完全相反的音节组，在组成音节句时具有一致的实际意义，同时也说明"2211"与"2112"是四音节组中最基本的两种。"1122"可看作"2211"的衍生音节组，"1221"可看作"2112"的衍生音节组。

② "2211"与"1211"和"1112"与"2112"再次具有较高且十分接近的使用频率。由此我们发现，"2211"与"1211"和"1112"与"2112"使用频率接近的情况普遍存在，表明这两对四音节组在听觉表现上具有某种相似性。这两对四音节组均在第一个音节上存在差别，其他音节相同，而这种差别并不影响音节组的相似性。据此，我们可以得出结论：首音节不同的音节组在听觉表现上相似。"1211"可看作"2211"的衍生音节组，"1112"可看作"2112"的衍生音节组。

③ 继续考察两种基本四音节组"2211"与"2112",可以发现它们都包含了"211"这一基本三音节组。这表明基本三音节组"211"衍生了基本四音节组"2211"与"2112"。

④ 四音节组中,除了"2112"的衍生音节组"1112"外,不再出现平声或仄声连续三音节的情况。

3. 五音节句

与三音节组和四音节组相比,五音节句有其自身的特殊性。五音节句包含韵脚的种类较多,而韵脚的平仄对五音节句的平仄音律结构有非常大的影响。因此,对五音节句的讨论分平收(尾音节为平声)和仄收(尾音节为仄声)两种情况。

(1) 平收五音节句

音节段	在全体样本中的出现次数
12211	22
21121	4
11221	2

(2) 仄收五音节句

音节段	在全体样本中的出现次数
22112	20
12112	7
21122	3
12212	2

由统计结果可得:

① "12211"与"22112"出现频率远高于其他五音节句。这两种五音节句都包含了"2211"这一基本四音节组。

② "12211"的完全相反组"21122"和"22112"的完全相反组"11221"均有出现,但出现频率很低。这是由于五音节句常包含韵脚,而韵脚的平仄关系使完全相反组在听觉上的一致性遭到了破坏。

③ "21121"与"12112"都有一定的出现频率。这两种五音节句都包含了"2112"这一基本四音节组。

4. 结论

在完成对基本音韵结构中三音节组、四音节组和五音节句的出现情况分析后,我们可以得出如下结论:

(1) 在音节组组成六音节句和七音节句时,平仄完全相反的组具有相似的作用。

(2) 在四音节组中,首音节不同而其他音节相同的音节组具有相似的作用。

(3) "211"作为基本三音节组,衍生出了基本四音节组"2211"与"2112"。这两种四音节组与其通过平仄完全变换和首音节变换后得到的四音节组,是最频繁出现的四音节组。

(4) "2211"与"2112"衍生出了最频繁出现的五音节句。

10.3.3 针对六音节句、七音节句的数据统计分析

1. 六音节句

音节段	音节段	在全体样本中的出现次数
12	1112	5
12	2112	4
22	1122	4
11	2211	4
22	1112	4
12	2122	3
21	1211	3
11	1212	2
21	1212	1
21	2112	1
22	2211	1
12	1122	1

由统计结果可得:

(1) 六音节句中双音节组的尾音节为"2"(仄声)的情况占绝大多数。

(2) 绝大多数六音节句中,双音节组的尾音节与四音节组的尾音节平仄相同。

(3) 绝大多数六音节句中,四音节组的第二音节与尾音节平仄不同。

(4) 出现超过两次的双音节组的尾音节为"1"(平声)的六音节句,均为出现超过两次的双音节组的尾音节为"2"(仄声)的六音节句的平仄完全相反句。

(5) 综上,可以得出六音节句的一般组成形式:_a_b_a,a 在大多数情况下为 2。

2. 七音节句

音节段	音节段	在全体样本中的出现次数
1122	112	12
1211	221	8
1221	122	7
2211	122	7
2112	211	6
2211	221	5
1211	122	5
1112	211	4
1112	211	4
2122	112	1
2122	211	1
1212	211	1
2112	112	1
2211	212	1

由统计结果可得,在所有出现频率较高(四次及以上)的七音节句中,有如下三种基本结构:

(1) "2211+221"结构,三音节组重复了四音节组的前三音节。"1122+112"为该结构通过平仄完全变换得到,"1211+221"为该结构通过首音节变换得到。

(2) "2112+211"结构,三音节组倒序重复了四音节组的后三音节。"1221+122"为该结构通过平仄完全变换得到,"1112+211"为该结构通过首音节变换得到。

(3) "2211+122"结构,三音节组倒序重复了四音节组的前三音节。"1122+211"为该结构通过平仄完全变换得到,"1211+122"为该结构通过首音节变换得到。

10.4 对每一词谱的逐一分析

本节分析包括两部分:一是对结构的分析,运用算法的思想,以每个词谱第一个音节段为标志音节结构,观察下一个音节段是否是对前一个音节段经过某种操作进行衍生的结果,从而探究全词的平仄音律结构是否具有规律性和联系性;二是统计每个词谱中平声音节、仄声音节、平声音组、仄声音节出现的次数,从而在宏观上考察平、仄声的分布情况。

10.4.1 分析

菩萨蛮　1122112/1122112/12211/21121/
　　　　21122/22112/12211/11221

全词的上下阕无明显对应关系,因此应将全词做整体分析。

/1122112/(重复)/1122112/(倒序重复前五音节)/12211/(因韵脚关系保留尾音节,对前四音节平仄完全变换)/21121/(因韵脚关系变换尾音节,重复前四音节)/21122/(倒序重复)/22112/(倒序平仄完全变换)/12211/(倒序重复)/11221/。

全词共有平声音节24个,仄声音节20个。平声音组14个,仄声音组13个。

长相思　211/211/2211221/11221/
　　　　211/211/2211221/21121

全词的上下阕有明显对应关系,因此不妨选上阕进行分析。

/211/(重复)/211/(倒序重复)/2211/(再重复)/221/(重复前一七音节句的后五音节)/11221/。

上下阕比较可以发现,有两个对应音节的平仄做了变换。

全词共有平声音节20个,仄声音节16个。平声音组12个,仄声音组11个。

更漏子　211/122/122112/122/211/21121/
　　　　122/212/122112/122/211/21121

全词的上下阕有明显对应关系,因此不妨选上阕进行分析。

可以发现,上阕的/211/122/122112/与/122/211/21121/在结构上又有相似性,因此可将上阕再划分为结构相似的两部分。

第一部分有:/211/(平仄完全变换)/122/(重复)/122/(倒序平仄完全变换)/112,而/21121/也是对六音节句/122112/模拟的五音节句/12212/的平仄完全变换。再观察第二部分,发现/122/211/是/211/122/的平仄完全变换,而/21121/也是对六音节句/122112/模拟的五音节句/12212/的平仄完全变换。因此第二部分可以看作第一部分的模拟平仄完全变换。

上下阕对比来看,五个对应音节组的平仄发生了变化。

全词共有平声音节23个,仄声音节23个。平声音组16个,仄声音组17个。

忆江南　122/12211/1221122/1122211/12211

全词共一阕,因此应对全词做整体分析。

/122/(重复得到/122/,平仄完全变换得到/211/,将两者组合)/12211/(重复前一五音节句并重复/122/)/1221122/(对前一七音节句的前三音节倒序平仄完全变换、后四音节倒序重复)/1122211/(重复前一七音节句的后四音节)/12211/。

全词共有平声音节 14 个,仄声音节 13 个。平声音组 9 个,仄声音组 6 个。

相见欢　211/211/211/2211/12211
　　　　212/212/211/2211/12211

全词的上下阕有明显对应关系,因此不妨选上阕进行分析。

/211/(重复)/211/(重复)/211/(重复)/2211/(重复)/12211/。

上下阕对比来看,两个对应音节的平仄发生了变化。

全词共有平声音节 20 个,仄声音节 16 个。平声音组 12 个,仄声音组 12 个。

我们共分析了 24 个词牌,现展示其中 5 个。

10.4.3　结论

通过以上对每个词谱的音律形成过程的逐一分析,可得出以下结论:

词的音律结构本质上是对一段音节组进行的不断重复,以达到回环往复、和谐呼应的效果。但与音乐中主旋律的复调变奏类似,这种重复是多样的,有变化的,"变"与"不变"的统一才造就了词所具有的美妙的听觉效果。在词的音律结构中,主要以三种形式达到变化:一是多样的重复方式,包括重复、倒序重复、平仄完全变换和倒序平仄完全变换,其中后三种方式的本质都是改变原有音节的平仄但保留音节组结构;二是对音节组进行微调,包括改变音节组中的少数音节(上下阕的很多音节平仄变化正是如此体现)、增删音节组中的少数音节;三是模拟式重复,即在保留原有音律结构的基础上,改变音节组的组成形式,如将"121"三音节组衍生为结构相同的"1221"四音节组。

全部 24 个词谱中,平声音节多于仄声音节的有 18 个,平声音节与仄声音节数目相等的有 4 个,平声音节少于仄声音节的有 2 个。平声音节与平声音组的平均比例为 1∶0.59,仄声音节与仄声音组的平均比例为 1∶0.66。这说明平声音节在出现频率更高的同时出现得也更为集中,即平声音节的捆绑出现的现象多于仄声音节。本书给出的解释是,平声的听觉效果所造成的张力弱于仄声的听觉效果所造成的张力。因此为了实现音韵和谐的目标,必须以较多的连续平声来扩大其听觉张力,从而与仄声的听觉张力抗衡。

10.5　总结

(1) "211"(平仄仄)是最基本的三音节组,它大量独立出现并衍生出了最基本的四音节组和五音节句。这种现象可能是由于人耳对"211"(平仄仄)这个韵律有着更高的接受度。

（2）平仄完全相反或只有首音节不同的音节段，常常具有相似的听觉效果。这种相似性使平仄变换和首音节变换成为对音节段进行变换的两种普遍方法。

（3）平声的张力较弱，因此为了实现音韵和谐的目标，必须以较多的连续平声来扩大其听觉张力，从而与仄声的听觉张力抗衡。

从文学角度，即平仄音律结构的生成规律上，我们可以得到：

词的音律结构本质上是对一段音节组进行带有不断变化的重复。这种变化重复主要通过三种方式完成：多样的重复方式、音节组的微调、模拟式重复。

第11章

宋、明、清数学命题论证思想分析

11.1 问题提出

中国古代数学成就卓著,尤其是算法。然而其逻辑体系和论证思想,一直被算法和其他成就所掩盖,鲜有人问津。实际上,中国古代数学命题论证思想是以推类为核心,并融合了演绎和三段论等朴素但局限明显的方法。这些思想不失为中国古代数学的伟大成就。上自秦汉,下至明清,这些思想引领中国数学发展几千年,其重要性不言而喻。宋明清时期的数学命题论证思想是中国古代数学命题论证思想发展历程中的成熟阶段,研究它能够清晰地了解中国古代数学的特征,并从数学角度理解中国文化特征。

11.2 宋、元、明、清时期数学发展历程概述

宋代是中国数学史上的高峰,其中最突出的成就包括高次方程的数值解法与天元术。高阶等差级数的研究也取得了辉煌的成就,例如沈括在《梦溪笔谈》中提出"隙积术",解决了高阶等差数列求和的问题。南宋时期,数学家秦九韶深入研究了大衍求一术,即一次同余式组的解法,现在称为中国剩余定理[1][2]。

元代最杰出的数学成就包括天元术、垛积术、招差术和筹算。此外,这一时期民间数学教育也有一定的进步,中国和穆斯林国家之间的数学知识的交流得到了发展。

然而,宋元数学依靠算筹,虽然是很实用的计算工具,但是却有局限性,无法进

行逻辑推理和发展数学符号,因此限制了数学的发展[2]。

明代时期,中国古代数学逐渐衰落,数学家对一些古典数学名著缺乏深入的研究,总体水平并不高,因而宋、元时期的数学成就没有得到良好的继承和发展。不过明代的商业数学得到了较大的发展,商业活动的频繁导致了相关计算的一些方法和技巧上的进步。

清代数学的整体水平落后。但此时西方数学的流入使中西数学融会贯通起来,薛凤祚、梅文鼎等对此作了系统整理和全面阐述,并且取得了一些独创性的研究成果。闭关锁国之后,乾嘉学派开始致力于对中国古籍的辑佚、考证、校勘和注疏。明安图、李善兰等对于三角函数的幂级数展开式的研究也有一定成就。数学家们逐渐完成了由常量数学到变量数学和由初等数学到高等数学的演变。但是,这样的演变并没能走出前代奠定的格局,清代数学发展依旧落后于时代[3][4][5][6][7]。

11.3 中国数学自身特点的分析

本节以清代级数论为例,对于中国数学的特点进行归纳总结。

11.3.1 割圆连比例方法

清代因实行"闭关锁国"的政策而导致中国与西方在科学上的交流愈发减少。但是数学上的交流与创新并未完全断绝。相反,中国数学家还发展出了自己的分析学(当然是不严格的)。清代初期,法国传教士 P. Jartoux 来到中国,向中国数学家介绍了三个级数表达式[5]:

(1) 圆径求周(圆周率按反正弦计算的级数表达式)

$$\pi = 3\left\{1 + \frac{1^2}{4 \cdot 3!} + \frac{1^2 \cdot 3^2}{4^2 \cdot 5!} + \frac{1^2 \cdot 3^2 \cdot 5^2}{4^2 \cdot 7!} + \cdots\right\}$$

(2) 弧背求正弦(相当于正弦函数的幂级数)

$$r\sin\frac{a}{r} = a - \frac{a^3}{3!r^2} + \frac{a^5}{5!r^4} - \frac{a^7}{7!r^6} + \cdots$$

(3) 弧背求正矢(相当于余弦函数的幂级数)

当时 P. Jartoux 只是将这三个公式介绍给了中国学者,却没有附带其推导方法。因此,中国学者感觉"特未详立法之根,学者恒苦莫抉其旨"[4][5]。在这种背景下,明安图提出了割圆连比例方法,成功证明了上述公式。他还得到了一系列有益的推论,被后人称为"杜氏九术",其中包括正切函数的展开式和一系列反三角函数的展开式。后来的数学家也多用割圆连比例方法的变形来计算曲线的长度和面积等,计算的范围甚至延伸至(全)椭圆积分[4][5]。

明安图的基本思想是:通过构造一系列不断缩小的相似三角形串,利用相似三角形对应边成比例,求出圆中各个弦长的关系,逐步逼近根式函数("求二分弧通弦率数"),利用所得结果一步步推得弦长和弧长的关系。在这个推导过程之中,明安图为了计算反三角函数的表达式,还创立了级数回求的方法("弧背求通弦率数既定,用其率数反求之,即可得通弦求弧背之数"[4][5]),也就是今天数学上熟知的幂级数反演。但是明安图所用的反演方法[4][5]与当今分析上通用的 Lagrange 方法[14](例如,利用复变函数论中的 Cauchy 积分进行反演)有很大不同,这体现了中国清代级数论和欧洲数学分析的根本不同。

11.3.2 中国清代级数论与欧洲数学分析的比较

对于割圆连比例方法的算法结构和计算手段已有详尽的叙述[4][5],本节仅比较中西方的差异。

(1) 出发点

本节探讨的出发点包括三方面:研究的对象、使用的推理方法和研究的目标。

明安图创立了割圆连比例方法,其计算方法包含了幂级数的四则运算和幂级数反演,较刘徽的割圆术前进了一大步,但是其出发点和基本思想内核与刘徽的割圆术并无大的改变。[6]明安图在推导"求二分弧通弦率数"公式时,承认了一个前提:内接于圆弧的一组弦的长度之和能够逼近弧长。这个前提的基本思想是一种朴素的极限思想,和刘徽的"割之弥细,所失弥少,割之又割,以至于不可割,则与圆周合体而无所失矣"[7]颇有相通之处,即默认(可求长)平面曲线可以利用折线进行逼近(集合的极限),而长度可按照内接折线长度和的极限进行计算。其研究对象是具体的曲线(圆弧),而不是任何抽象的数学对象,因为当时中国数学家没有发展出函数的概念,仅仅有"环环相扣"[4][5][6]这一对函数关系的直观说法。

这两种方法都以上一段中默认的命题和问题的实用性作为出发点,运用中国数学家擅长的技术化[6]算法进行大量的计算,直观程度极高,在解决有几何意义的函数之幂级数演算方面有相当大的优势。但是这些运算的出发点都是实用,即在工程问题、测地学问题等当中有巨大的实际价值。因此,"中算家的问题是:割圆连比例解涉及二项式系数的意义究竟何在?",尽管涉及了数学本质,但中国数学家并不十分关注运算背后推广和提炼的可能性,而注重幂级数各个项的系数规律,在计算和推理时看重最终结果。数学家的算法能够为工匠提供一个完全机械化的算法,而不必考虑其数学上的、抽象思维上的意义。实际上,完全可以说从刘辉到明安图,数学思想并没有大的进步。"技术化的结果固然可以满足实用的需要,但却掩盖了级数关系所以成立的原因。技术化操作既不能巩固级数论的基础,又不能导致内容的增加。因此它在理论上和经验上都是退化的,而且它也没有促成启发法的进步,事实上其中并未引进新的数学手段。"[6]在出发点上,明安图并不比刘徽先进。

与中国数学家不同,欧洲数学家关注的问题是如何通过二项式理论来解决小弦矢求大弦矢的问题。通过对 Taylor 和 Newton 等数学家的研究,我们可以发现,他们的研究对象已经被抽象和提炼成了数学对象。因此,他们的方法基于微积分的导数计算和多项式逼近,直观意义并不明显。欧洲数学家在研究幂级数时的具体的出发点是如何利用一类简单的函数(例如多项式)逼近一些较为复杂的函数(例如三角函数和根式),以满足函数解析性质研究和一些近似计算的需求。在命题论证上,他们的出发点是一些极限与导数的运算规则,而不是刘徽和明安图默认的逼近原则。虽然这些运算规则在他们的时代遭到了质疑和非难,但它们对现代数学的发展产生了深远的影响。

因此,欧洲数学家更加关注的是自己的研究在数学上和抽象思维上的促进意义,而淡化了实用主义倾向。他们的出发点是为了完善数学的思想方法,找到研究抽象数学对象(思维对象)的有力工具。正如 d'Lambert 曾经说过的"前进吧,你就会有信心",这体现了对抽象思维研究的偏好:先不去过分地考虑严格性和实用性的问题,而是考察抽象的数学对象,进行一系列抽象的推理,研究这些抽象对象的种种性质(比如函数可用多项式逼近的性质和解析性质等),以期由此得到有价值的结论。因此,欧洲数学家得到的结果较刘徽、明安图等人更加一般化,更具普适性。

(2)严格性

严格性是数学必不可少的一环。现在拟对中国和欧洲级数论的严格性进行比较。

中国的级数论主要研究了直观意义较为明显的初等函数的幂级数展开式。其涉及严格性的问题主要有下列三个方面:①曲线能否用内接折线逼近。②不同于多项式的幂级数进行四则运算和反演运算是否可行。(也就是幂级数收敛性的问题)③计算得到的各项系数是否和预想的极限一致。[5]中国数学家根据直观经验,断言了问题①的结论是"可以",但这一断言的严格性显然是要遭到质疑的。对于问题②,明安图是根据多项式四则运算归纳而得出的幂级数四则运算方法,反演的方法是逐次消去各个系数的方法[4]。但是如果作为一种算法结构来看待,则中国数学家的方法能够恰巧避开级数本身收敛性的疑难。例如,正切函数是亚纯函数,

在点 $x=\pm\dfrac{\pi}{2}$ 有 1 级极点,因此正切函数在点 0 处的幂级数展开式的收敛半径 $R=\dfrac{\pi}{2}$;然而中国的实际应用中(包括表达式的推导中)所用的角显然是不包括钝角的,所以幂级数本身的收敛性的问题对于中国的实际应用并没有太大的影响。不过明安图的算法是否收敛是需要仔细考虑的问题,明安图等数学家并没能给出一个肯定的解答。对于问题③,这是一个比收敛性更强的问题,明安图仅依靠自己的计算逐步逼近展开式中的系数,就断言系数一定是自己所预想的极限[5]。这在严格性上略显不足。

欧洲的级数论则主要研究一般函数的级数,经历了一个较长时期的发展。可以认为它发端于 Taylor 的多项式逼近法,随后被 Cauchy 等人严格化。在发展的初期,欧洲数学家所面临的问题有三个:①幂级数是否收敛;②幂级数是否收敛于其所表示的函数;③导数的严格意义究竟是什么。这些问题困扰了欧洲数学家几个世纪之久。问题①的解决自然有赖于极限的严格定义和严密的实数理论。问题②则引出了(Weirstrass 意义下)解析函数的概念,对于后来复变函数论的发展起到了重要的作用。

相比之下,中国清代级数论的严格性问题主要关注幂级数的收敛性和运算的合法性(包括迭代程序的收敛性)等具体问题,而西方的严格性问题则全面地涉及整个数学形式化的基础。在这个意义上说来,中国清代数学家所面临的严格性问题较西方的小。但是这并不能说明清代的级数论较西方优越,此问题将在下一段中讨论。

(3) 思想性与可推广性

根据参考文献[6][7],中国清代的级数论并没能跳出历代中国数学的限制,依旧以直观和实用价值为出发点。相比之下,欧洲级数论则是欧洲分析学发展的一个有机组成部分,依赖于数学的形式化和严格化。因此,清代的级数论并不比西方优越,理由如下。

首先,数学的思想性不足。清代级数论主要出于实用目的,因此跳过了极限、导数和积分的思想方法,直接发展到无穷级数,这样固然可以避免一些严格性的问题,但是也极大地限制了中国数学家对于抽象数学对象的提炼与总结,导致无法注意到函数的本质(对应关系),而仅关注于表面现象(幂级数的各项系数),没能"从直观所派生的感性材料中解脱出来"[7]。

其次,没有可推广的空间。清代级数论主要研究具有直观意义的函数,虽然能涉及全椭圆积分(非初等函数),但是其几何意义也相当明显。这就导致了算法化的计算方法无法推广到一般的函数。因为中国算法的发展是基于直观的,对于直观意义不甚明显的函数,算法常常显得无能为力,难以得出幂级数展开式;或者是习惯了直观思维的中国数学家难以接受抽象的思维对象。相比之下,西方的级数论以 Taylor 多项式为基础,由此衍生出的概念推动了数学发展,能够较容易地展开一切解析函数。

11.3.3 从中国清代级数论归纳中国数学的一般特点

(1) 模糊性。中国数学常常不注重严格的证明,以断言的形式直接判定某一命题的真假,而认为证明是无意义的。

(2) 直观性。中国数学研究的对象大多是实际生活中稍加提炼即产生的对象,缺乏抽象思维,没有从这些直观对象上升为理论模型。因此,派生出的理论也具有相当大的直观性。

(3) 跳跃性。中国数学因其直观性而在发展上呈现很大的跳跃性,能够跳过一些在西方数学看来必不可少的过程直接达到一些较为高级的结论。

11.4 思想领域和经济政治领域对宋、元、明、清时期数学命题论证思想形成的影响

11.4.1 宋、明理学

宋、元、明、清四朝,正统思想是建立在宋代的理学体系之上的。这个体系对后来中国思想发展产生了极为深远的影响,其中不乏自然科学和数学方面的影响。然而,这种影响在一定程度上阻碍了中国的自然科学"向实证科学的方向发展"[8]。本节从将逻辑的角度对这一现象进行分析。

1. 宋、明理学内容、简要发展过程概述

宋、明理学也称为"道学",有广义狭义之分。广义理学是指宋、明以来形成的占主导地位的儒家哲学思想体系,包括程朱理学和陆王心学两大学派;狭义理学则专指程朱学派。本节中提到的"宋、明理学",均采用狭义观点。

理学的发展脉络可大致归纳如下。

北宋仁宗时期社会的矛盾激化,政治改革达到高潮,理学应运而生。北宋五子,即周敦颐、张载、邵雍、程颢、程颐被认为是理学的创始人。南宋时期是理学发展的一个高峰,出现了朱熹、张栻、吕祖谦和陆九渊等十分重要的理学家,理学的许多重要派别,也形成于此时。并且理学的范畴和命题也逐步确定下来,其含义变得

更加深刻和精密[1][8][9]。从南宋建炎元年(1127年)到明成化二十三年(1487年)是梁启超先生所说的理学全盛期,朱熹理学被确立为官学,理学达到高峰。

理学在北宋发源初期,政治上并没有取得太多的官方认可,但是随着其在民间的广泛传播及其有利于统治的性质,渐渐成为南宋以后的官方哲学。其创始人程、朱的地位几乎与孔孟并列。程朱理学的纲常伦理及人性之说对强化封建秩序,维护封建统治起到了重要的作用,因而备受统治阶级推崇。南宋偏安一隅,但统治者几乎都信奉理学,大臣也大多是理学名士。到了元代,政府明令科举考试以朱熹《四书集注》为标准教材,自此理学登上了官方哲学的宝座,成为元代占据支配地位的统治思想[1][2][4][8][9]。元代之后,朱熹理学被明统治者确立为官方哲学。明初永乐十二年(1414年),朝廷开始纂修《五经大全》《四书大全》和《性理大全》三部理学巨著。由此,理学在当时的备受推崇可见一斑。

2. 宋、明理学中逻辑推演思想对当时数学的影响

(1) 程朱理学中的推类与演绎思想

推类是人们根据事物类的性质或相互关系所进行的推理,包括演绎、类比、归纳。中国逻辑史家们认为其含义比较宽泛,约略相当于今天所说的"推理"。推类思想主导了中国古代数学的逻辑证明过程,而程朱理学的推类思想又深刻地影响了以理学为主导思想的宋、元数学[4]。

理学一脉从北宋发展到明清,朱熹无疑是集大成者。他继承了北宋程颢和程颐的理学,完成了理气一元论的体系[4],对后世影响深远。在探索自然规律的过程中,朱熹的影响主要体现在他的"格物致知"论上。这个概念原出自《礼记·大学》中的"物格而后知至,知至而后意诚,意诚而后心正,心正而后身修,身修而后家齐,家齐而后国治,国治而后天下平。"朱熹对"格物致知"的解释是:"格物者,格,尽也。须是穷尽事物之理。""'致'字有推出之意,前辈用'致'字多如此。"大意即穷尽了一种事物的理,其他各种事物的理就可以通过"类推"获得。朱熹从本体论角度指出,总合天地万物的理,只是一个理,分开来,每个事物都各自有一个理。然而千差万殊的事物都是那个理一的体现。朱熹的这种观点是宋、明理学"理一分殊"论的重要体现。

朱熹的"格物致知"中也体现了演绎思想的萌芽。朱熹说:"所谓不必尽穷天下之物者,如十事已穷得八、九,则其一、二虽未穷得,将来凑合,都自见得;又如四旁已穷得,中央虽未穷得,毕竟是在中间了,将来贯通自能见得。"这就是一种从一般到个别的演绎推理。从大量的研究中找到普遍的共同特点,再以此来了解该类中未曾直接研究过的具体事物,这就是通过归纳推理,然后用理性抽象出的结果去

"以类而推"地认识所有这一类的个别事例。这又说明"格物致知"是"理"通的归纳法和"理"通的演绎法的统一,即"格物"对应于"理"通的归纳法,而"致知"对应于"理"通的演绎法。"格物"归纳推论出的结论正是"致知"演绎推论的起点[4]。

(2)"推类"是宋、元数学的基本推理范式

宋、元时期是中国传统数学发展的最后一次高潮,不仅在数学思想与数学理论上有重大的突破,而且在数学方法和数学思维上也有所创新。这样的创新集中表现为:在继承中国传统数学"推类"思维模式中,开始向更具演绎性的程序思维模式或机器思维模式转型。这样的趋势未能得到进一步的发展,这只能解释为社会历史的选择,而不是数学自身的问题[10]。

能够证明宋、元时期中国数学方法和思维上创新的数学著作有很多。秦九韶《数书九章》是继《九章算术》及刘徽注之后又一划时代的著作,在数学方法方面,不但较好地继承了《九章算术》以来形成的中国传统数学逻辑思路,而且卓有创新。

秦九韶在其著作《数书九章》中就广泛使用了"推""类"的概念。在《数书九章》全篇中,"类"字被使用 100 多次,使用"推"字不少于 30 次[10]。这蕴涵了作者(秦九韶)的深刻意图:以"类"作为数学分析,进行数学演绎与归纳的最基本的思维形式。

为什么秦九韶以"类"为轴阐述其数学思想与数学方法呢?生活在中国南宋中后期的秦九韶,作为两宋道学的忠实信徒,其思维与认识方法及所取得的突出成就,与宋代理学自然是有很大关系的。朱熹集大成的理学思想在朱熹生前就已大有影响,但由于种种政治原因一直被南宋统治者斥为"伪学"。朱熹去世后,随着利益集团的瓦解,理学开始走上了复兴之路,成为官府承认的正统儒学,对中国文化产生了极为重要的影响。根据现在最新考证的年表,秦九韶的主要活动时间正是理学复兴的时代。而理学作为当时唯一一派以探索自然规律为理论出发点的哲学,对其逻辑推演方法的影响必定是不可忽视的[11]。

秦九韶在《数书九章》自序中,指出中国古代数学存在缺少理论证明的问题,虽然能解决一些具体问题,但往往是只知其解而不知其所以解。例如"大衍术"就是这样,尽管"历家虽用",但"用而不知"[11]。就连《九章算术》这样的名著,也是"惟兹弗记"。因此他要"衍而究之,探隐知原"。对数学逻辑有这样的认知高度,已远远超越了许多古代数学家。这种严谨的推演思想,与他自 15 岁起就耳濡目染的理学中"格物致知",探求自然界事物内在的同一规律的思想是不无关系的。

纵观宋元明数学史,我们可以看到,像秦九韶这样逻辑推演方法受宋明理学影响的数学家还有很多,从南宋著名数学家杨辉应用推类方法对垛积问题的研究,元代朱世杰《四元玉鉴》中对于未知数的概念,一直到明朝吴敬的《九章算法比类大

全》,都有理学中"理一分殊"的类推思想甚至初步的演绎思想的印记。

11.4.2 理学官化时期：陆王心学

1. 陆王心学与程朱理学自然观的差异

明代虽然以程朱理学作为官方哲学和考试蓝本,但是到了中后期,由于理学在一些方面表现出的理论薄弱之处,王阳明倡导的心学渐渐崛起,并成为主导明代思想界的主要学说。在逻辑推演思想方面,王阳明的心学与程朱理学有着很大的不同,而这种不同也深刻地影响了明代数学的发展。

在对自然科学的影响上,理学与心学都对《大学》中"格物致知"的解释有着重要贡献。朱子一派倾向于以经验论的角度解释"格物",认为"格物致知"即通过认识万物的本质来认识天理。

如何将具体的事物上升到宇宙运行的道理呢？为了解决这个问题,理学家沿用了源于佛学的"理一分殊"论,进而演变为朱熹的"所有能穷者,只为万物皆一理",然而这仍然无法填补经验上升到天理中间的空白[4]。

这一方面王阳明成功地做到了自圆其说。他说"身之主宰便是心,心之所发便是意,意之本体便是知,意之所在便是物。如意在于事亲,即事亲便是一物,意在于事君,即事君便是一物；意在于仁民爱物,即仁民爱物便是一物；意在于视、听、言、动,即视、听、言、动便是一物。所以无心外之理,无心外之物。"(《传习录》上卷徐爱录文),将"物"看作"物来而顺应",致知则是使人本心坦荡明白之致知,不是主动向外物探求的认知,而是遵循了"心即理",即向自己的内心探求。由此,他批评当时的朱派学者治学"没溺辞章""务外遗内""博而寡要""支离决裂"[4]。在程朱理学占官方统治地位的明代,王阳明成功地稳固了自己心学的地位,从而在明中后期成为最具权威的学派,直超程朱理学。

然而正如朱熹批评心学"太简",心学这种盛行的思想方法,包含着许多对自然科学发展不利的因素[8]。甚至可以说,虽然心学解释了很多程朱理学的矛盾之处,但心学对自然科学的积极影响却远不如程朱理学。心学将格物致知的难处归结为"诚意",这就将对自然规律的探索又回归到了修身养性的主观工夫,而理学却为志在"格物"的人们提供了一整套可行的方法。"博学而笃志,切问而近思,志在其中矣",理学对如何为学,有详细、具体且完整的逻辑体系,引导学者一步步由易到难深入圣学之门,提供的是一种诚恳求实的治学态度。虽然理、心学有本意都不在于为自然科学提供哲学指导,但理学在客观上的确起到了这个作用,而心学(即使本意并非如此)却在客观上淡化了自然科学探索的必要性。

2. 陆王心学影响下的明代数学逻辑推演思想

由于缺乏切实的思想理论来支持探索自然科学,再加上明代国子监将算学从必修课中除去,数学(尤其是理论数学)的发展受到了更大的制约。明代时期,鲜有人愿意从事艰难乏味的纯数学研究,自然不会有更进一步的逻辑推演思想来推动理论数学的进步。心学思想中几乎找不到研究客观自然界规律的方法论,明代多数的数学学者沿袭的仍是朱熹当年在"格物致知"论中阐释的由"理一分殊"而来的类推思想,即"由特殊到一般"。例如王文素在其著作《算学宝鉴》中提出了以"满数法"解一次同余方程组,对"满数法"公式的解释性证明,他说:

"通证解曰:常疑此术。以三、五、七为题者,术云'三数剩一下七十,五数余一下二十一,七数十一下十五。'遇谓:此数不知自何而得,思之既久,忽得拙法,未知是否?且如三、五、七者,令三、五相乘得一十五数,以七除之余一,故数曰'七数十一下十五'。又另以三、七相乘得二十一,以五除之余一,故曰'五除余一下二十一'。又另以五、七相乘得三十五,以三除之余二,不可。再下三十五,以三除之方才余一,故曰'三数余一下七十'。各以下数乘各余数,并之为实。另以三、五、七乘得一百五,为满数去之,余不满法者为原总物数。余皆仿此。"

这里的"通证解"通过具体例题的方式证明了满数法公式的正确性,是类推思想的典型体现。这也是中国算术著作中首次证明大衍总数公式,虽然证法并不算先进,但对之后数学论证思想的形成具有重要意义[9]。

然而在官府垄断思想的年代,心学的出现无疑也为学术界带来了一丝生机。理学官府化之后,许多士子除朱熹几本集注以外再不知其他学说。此时心学的出现营造了一个相对开明的学术氛围,各地学派如雨后春笋般崛起,自由讲学、相互争论。被"存天理,灭人欲"禁锢已久的性灵也得到激发。这种打破官方樊笼而独立思考的学术气氛,在一定程度上也促进了当时数学家们的创新。讲学辩论对说者自圆其说的论证过程要求很高,这也为一批数学家开阔了论证命题的思路。

例如王阳明的学生、著名经学家和数学家顾应祥汲取了王明阳的独立思考精神,没有一味求心理而陷入玄虚,而是将其精神应用于自己的研究,取得了不小的进展。在其著作《弧矢算术》中,顾应祥采用了一个新颖的类比思路来推导《四元玉鉴》中"圆径与截积求矢"的式子:

"解曰:弧矢状类勾股。勾股得直方之半,故倍其积,以股除之,即得勾。弧倍曲,倍积则长一弦而又一矢。以矢除积倍之,恰得一弦一矢之数。因未知矢,故以积自乘为实,约矢一度乘积,以为上廉,两度乘径以为下廉,并之为法,而后可以得矢。用三乘者何也?积本平方,以积乘积是两度平方矣,故用三乘方法开之。上廉、下廉俱用四因者何也？倍积则乘出之数为积者四，故上下廉俱四以就之。减径者何也？径乃圆之全径，矢乃截处之勾，矢本减径而得，故以减径以求矢。五为负隅者何也？凡平圆之积，得平方四之三，在内者七五，在外者二五。不拘圆之大小，每方一尺，该虚隅二寸五分。四其矢得四，四其虚隅的一，合而为五。亦升实就法之意。如不倍积，廉不用四因，以一二五为隅法亦通。"

顾应祥认为，通过将弧矢与勾股类比，就可以求得矢长。当然，在那个数学大幅衰落的年代，像顾应祥这样能有所创新的数学家毕竟是少数。但不可否认的是，数学的工作主要是总结性的。陆王心学对当时数学逻辑思想发展的双面影响，象征着传统数学逻辑体系一去不复返的没落。

总结起来，中国的思想领域本身已经逐渐遏制了理学中已经产生的逻辑化倾向，因而数学未能上升至抽象学科的高度，仅仅停留在了对于具体对象而非思维符号的操作。这同中国人历代以来奠定的民族性有一定关系：中国哲学的最高境界是审美而非求真[8]，于是人们更愿意以一种全局的眼光来考量事物。所谓求"理"本身，也并非是为了得到科学的真理，而是一种心灵上的追求。因此，理学中的逻辑倾向最终因为中国文化的特殊性而逐渐受到遏制。

11.4.3 经济与政治影响科学

明代中国数学逐渐衰落，数学家对一些古典数学名著缺乏深入的研究，总体水平并不高，因而宋、元时期的数学成就没有能很好地继承和发展[10]。其原因从明代的数学教育中也可窥见一斑。早在南北朝时期，北魏首先设立尚书算生、诸寺算生，专门培养算学方面的人才。隋代在国子寺设立算学，置博士2人，助教2人，收学生80人，进行数学教育。唐代于显庆元年（公元656年）在国子监设算学馆，招收八品以下官员与庶人之子30人为生。到显庆三年（公元658年），又取消算学馆，把博士以下人员并入太史局。到龙朔二年（公元662年）又重设算学，把学生数减为10人。与此同时，在科举中设立明算科，考试内容主要从十部算经中选题，考试合格者可分配从九品以下的官职，但到晚唐时期就中止了。到了宋、金、元时期，尽管算学还是未能进入主流，但是各个书院及太学国子监还是将算学列入课程，中国古代数学以宋、元数学为最高境界，在世界范围内，宋、元数学也几乎与阿拉伯数学一道居于领先集团的位置。反倒是明、清时期，八股取士在科举中大量撤销了算学，以及珠算的普及代替了筹算。明代最大的成就是珠算的普及，出现了许多珠算读本，及至程大位的《直指算法统宗》（1592）问世，珠算理论已成系统，标志着从筹算到珠算转变的完成。但由于珠算流行，筹算几乎绝迹，建立在筹算基础上的古代数学也逐渐失传，数学出现长期停滞。

中国古代封建社会普遍实行"重农抑商"的政策，经济形态沿袭小农经济，使得我国长期保持着自给自足的封建经济模式。落后的封建政策直接影响了经济，尤其是商业活动的重税给了商业很大压力，明成祖朱棣讲过："商税者，国家抑逐末之民。"（《明史·食货志》）明代的许多皇帝巧立名目，设关卡，加捐加税。甚至"视商贾儒者，肆为攘夺，没其基金，负载行李，连船拆毁"（《明史·食货志》）。这间接影响了科学的发展。在宋代就萌发了资本主义的生产关系，但是传统的"抑商"政策使得资本主义发展非常缓慢。这种落后的封建经济对科学、数学的需要和推动作用是有限的，无疑使科学、数学的发展受到了制约[12]。

文字狱是封建社会统治者迫害知识分子的一种冤狱。皇帝和其周围人故意从作者的文章中摘取字句，罗织成罪。文字狱历朝皆有，但以清代最多。民族矛盾的异常尖锐和清代帝王的自卑心理是清代文字狱迭兴的特殊历史背景，钳制思想和打击异端是统治者大兴文字狱的主要目的。据记载，顺治皇帝兴文字狱7次，康熙皇帝兴文字狱12次，雍正皇帝兴文字狱17次，乾隆皇帝兴文字狱130多次。清代的文字狱空前绝后，登峰造极，至乾隆时期，更是无以复加的强化，中国的传统文化，也因此而扭曲变形。文字狱造成的社会影响是恶劣的，它破坏了中国古代的文化典籍，促成了当时学风和士风的转变。中国知识分子在清代的高压下只能去研究古籍，不再具备创新和探索的能力。

11.4.4 政治反作用于思想领域

这方面尚未找到详细的资料，只能够根据现象进行简单的归纳。宋、明理学本身的逻辑倾向前面已有叙述，这种逻辑倾向为其提供了指导实证科学发展的可能性。中国的文化心态在一定程度上遏制了这种倾向的发展。然而，政治的发展对于这种遏制，也多少起到了推波助澜的作用。宋、明理学发展到后期，已经成为束缚思想的桎梏[8]，其"格物致知"的行为已经同其本意大不相同。有理由猜测，这正是统治阶级对于理学本身的改造，将其作为思想控制的方法，因而阻碍了实证科学精神的产生和发展。

11.5 总结

我们看到，思想解放对于科学的发展是至关重要的。思想上能够以理性为指导的社会，能够在科学发展上取得长足的进步。当前的中国，科学技术水平在总体上仍然落后，这就更需要我们思考，如何才能够通过思想领域，在根本上促进科学的发展。

参考文献

[1] 史仲文,胡晓林.中国全史:中国宋辽金夏习俗史[M].北京:中国书籍出版社,2011.

[2] 白寿彝.中国通史(卷八).中古时代·元时期(下);中国通史(卷九).中古时代·明时期(下)[M]//中国通史.上海:上海人民出版社,2004.

[3] 何绍庚.明安图的级数回求法[J].自然科学史研究,1984,3(3):3-9.

[4] 李烈炎,王光.中国科学思想史论[M].北京:人民出版社,2000.

[5] 钱宝琮.中国数学史[M].北京:科学出版社,1964.

[6] 特古斯.清代级数论基础[J].内蒙古师大学报自然科学(汉文)版,1998,27(3):1-6.

[7] 特古斯.对近代东西方级数论工作的比较分析[J].内蒙古师大学报自然科学(汉文)版,1998,27(4):1-6.

[8] 李泽厚.中国古代思想史论[M].北京:人民出版社,1990.

[9] 刘明明.朱熹的"理"与逻辑[J].船山学刊,2006,4:1-5.

[10] 刘邦凡.论中国逻辑与中国传统数学[J].自然辩证法研究,2005,3:100-105.

[11] 雷兴辉.道学思想方法与秦九韶的《数书九章》[J].西安文理学院学报(社会科学版),2010,8:64-68.

[12] 白海珍,徐媚,冉素鲜.试论中国明代数学衰落的原因及启示[C].中国数学会2010年学术年会论文集,2010.

[13] B.沙巴特.复分析导论:第一卷:单复变函数[M].北京:高等教育出版社,2011.